硝烟弥漫的海战

刘 军 邵 朵 / 编著

吉林人民出版社

图书在版编目(CIP)数据

硝烟弥漫的海战 / 刘军, 邵朵编著. -- 长春：吉林人民出版社, 2012.7
（军事五千年）
ISBN 978-7-206-09177-3

Ⅰ.①硝… Ⅱ.①刘… ②邵… Ⅲ.①海战－战争史－世界－通俗读物 Ⅳ.①E19-49

中国版本图书馆CIP数据核字(2012)第160891号

硝烟弥漫的海战
XIAOYAN-MIMAN DE HAIZHAN

编　　著：刘　军　邵　朵
责任编辑：金　鑫　　　　　封面设计：七　洱
吉林人民出版社出版 发行（长春市人民大街7548号 邮政编码：130022）
印　　刷：北京市一鑫印务有限公司
开　　本：670mm×950mm　1/16
印　　张：12　　　　　　　字　　数：114千字
标准书号：978-7-206-09177-3
版　　次：2012年7月第1版　　印　　次：2023年6月第3次印刷
定　　价：38.00元

如发现印装质量问题，影响阅读，请与出版社联系调换。

目录 CONTENTS

萨拉米斯海战 …………………………………… 001

亚克兴海战 ……………………………………… 006

勒班陀海战 ……………………………………… 011

格拉夫林海战 …………………………………… 019

鸣梁海战 ………………………………………… 023

第一次英荷战争 ………………………………… 028

洛斯托夫特海战 ………………………………… 037

第二次英荷战争 ………………………………… 042

第三次英荷战争 ………………………………… 049

桑特海峡战役 …………………………………… 055

特拉法尔加海战 ………………………………… 063

阿索斯海战 ……………………………………… 071

汉普顿海战 ……………………………………… 074

利萨海战 ………………………………………… 080

目录 CONTENTS

对马海战 …………………………………… 085

福克兰群岛海战 …………………………… 094

达达尼尔海峡战役 ………………………… 099

日德兰海战 ………………………………… 102

奇袭斯卡帕湾 ……………………………… 108

狼群战术 …………………………………… 111

敦刻尔克大撤退 …………………………… 113

奇袭塔兰托 ………………………………… 118

狙击"俾斯麦" ……………………………… 122

偷袭珍珠港 ………………………………… 130

珊瑚海海战 ………………………………… 136

中途岛海战 ………………………………… 144

瓜达尔卡纳尔岛争夺战 …………………… 149

攻占马绍尔群岛 …………………………… 156

目录 CONTENTS

诺曼底登陆 …………………………………………… 158

马里亚纳群岛决战 …………………………………… 161

莱特湾海战 …………………………………………… 164

佩利留夺岛战 ………………………………………… 168

登陆吕宋岛 …………………………………………… 170

冲绳岛登陆 …………………………………………… 172

马岛海战 ……………………………………………… 175

美国入侵巴拿马 ……………………………………… 184

萨拉米斯海战

萨拉米斯海峡位于雅典城西，厄流西斯南面。在萨拉米斯岛与希腊本土之间，东面海峡出口处有一个小岛，把整个海峡分为两个出口，因此海峡出口处海面狭窄。最宽处只有1200米。

公元前480年秋季，希腊温泉关失陷后，波斯军长驱直入，直达科林斯湾。希腊中部和其他一些地区也都陷入波斯军的蹂躏之下。萨西斯贪得无厌，野心勃勃，企图征服整个希腊。希腊陆军在温泉关失利后，本来还强大的海军也因此丧失斗志，并南撤到萨拉米斯海峡。全部希腊联军的海军都集中在萨拉米斯海峡东端，共有366艘3层桨座的战舰和7艘50支桨的战舰。希腊联军司令阿利泰德斯面对战败不久、军心不定的局面，不知所措。杰出的雅典海军统帅泰米斯托克利要求希腊联合舰队立即召开会议，研究对敌策略。在会上泰米斯托克利极力主张在萨拉米斯海湾与波斯海军进行决战。他认为，这一决战是希腊联军获取胜利的希望。希腊联军海军战船船体小，机动灵活，在这狭窄的海湾中作战，能发挥自己的优势。相反，波斯海军船体大，笨重不灵活，无法发挥其优势。同时，波斯水手又多来自外地,在这异乡异水,不熟悉地形水情。

9月22日,希腊将领再次召开会议研究对波斯的作战方案,可是大多数将领仍然反对决战。面对不利的情况,泰米斯托克利心生一计,他一面在会议上据理力争,一面乘机悄悄退出会议,暗中派遣人去引诱好战的波斯国王萨西斯派兵出战。波斯舰队从阿提密细亚出发以后,攻陷沿途许多城堡,而萨西斯又以胜利者的姿态驻扎在雅典。

22日下午,萨西斯收到一封秘密使者送来的信。信的大意是:现在希腊军队已成为惊弓之鸟,正在准备从萨拉米斯岛向外逃跑。如果你现在派兵去阻止他们逃跑,就可大获全胜。踌躇满志的萨西斯见到这封信后,根本没有想到这可能是希腊人的圈套,就立即命令1000艘战舰连夜出发,同时又秘密封锁萨拉米斯海峡的东西两个出海口。

暮色朦胧,波斯海军战舰悄悄驶出海外,波斯国王萨西斯命令波斯海军中埃及的200艘战船从南面绕过萨拉米斯岛准备封锁海峡西面出海口,堵住希腊舰队的退路。其余的波斯海军则分别排成三列封锁东面的海峡出海口。

入夜以后,波斯战舰全部起锚出航。萨西斯在厄流西斯附近的一个山丘上搭起帐篷,准备饮酒作乐,想亲眼看看波斯海军战胜希腊海军的真实场面。在他身旁站着史官,拿着笔和纸,准备如实记录这次打败希腊海军的经过。

希腊军队突然发现波斯军舰队已经包围了萨拉米斯海峡,

将领们顿时大惊失色。既然陷入重围,只有组织反击突围才有生存的希望,别无出路可选。泰米斯托克利终于达到了预期的目的,取得了一致决战的意见。大家同仇敌忾,决心由泰米斯托克利来指挥,与波斯海军决战。希腊海军于是分头准备,很快摆好了作战阵势。科林斯舰队据守萨拉米斯海峡西面,顶住埃及舰队的冲击。希腊海军主力集中在东面海峡。战斗序列是,左边为雅典舰队,共有战舰180艘;右边是斯巴达战船,共有60艘;其他城邦的战舰分布在中央,大约有170艘。

9月23日拂晓时分,战斗打响了。波斯海军一字排开,逼近萨拉米斯海峡东面出海口。可是,在海峡中间有一个小岛,波斯800艘战船的浩大船队无法顺利通过,因此不得不分成两股,分别从小岛的两边通过。排列整齐的波斯舰队一下子被打乱,船只众多,海峡狭窄,每艘战船都装有很长的木桨,水手技术又都不熟练。这时,刮起了大风,海浪汹涌,帆高体笨的波斯战船失去控制,在海湾内相互乱撞。没等波斯海军调整好队形,希腊海军就划起长桨冲击过来。在这紧急时刻,波斯海军前面的船只只好被迫后退,和后面正在前进的船只挤在一起,使得它们既不能前进又不能后退。此时,希腊海军的舰船横冲直撞,左突右击,使波斯海军乱作一团,指挥失灵,因而失去作战能力。

在波斯海军的混乱中,希腊左翼的雅典舰队发挥了决定作用。它沿着海岸向东航行,就在萨西斯的眼皮底下向出海口驶去，波斯海军以为希腊舰船要逃跑，许多船只立即前去拦截。由于波斯舰队数量多，队形混乱，船体庞大，机动灵活性差，又加上列队后面的舰只想挤到前面，让国王看到他们的勇敢精神，于是就跟前面的战舰挤到一起，一时使舰队很难调整。突然，雅典海军舰队船头齐头调转，以决战的姿态疾驶过来。正在调整队形的波斯海军已束手无策，处于被动地位，并很快发现自己已陷入希腊海军的圈套中。雅典舰队充分发挥了舰只的坚固和机动灵活的优越性，以及快速运动的特点。舰身从敌舰侧面紧紧擦过，折断敌舰上的桨叶，使敌舰丧失操纵能力。然后又调过头来用自己船体去撞击敌舰船体。希腊的重步兵和弓箭手乘机登上敌舰，利用长矛利剑和敌舰上的士兵展开搏斗，使波斯左右翼舰队遭到巨大损失。

但是，由于雅典舰队进攻太快，未能与右翼和中央舰队联系上，斯巴达舰队寡不敌众，受到严重威胁。泰米斯托克利鉴于这种情况，果断地命令雅典舰队横越海峡，直接攻取波斯海军左翼后方，以此来策应希腊海军的右翼和中央。于是，雅典舰队从背后，斯巴达舰队和其联军舰队从正面向波斯海军直逼而来。波斯海军陷入腹背受敌的被动局面，有的企图抵抗，有的打算撤退，舰船相互撞击。直到天黑时刻，希腊的陆战队又乘胜出击，肃清海峡东端小岛上的波斯守军。经过8小时激烈战斗，波斯海军200艘战舰被击沉，40艘战舰被俘，落入海中的波斯士兵不计其数。而希腊海军只损失40艘舰只。海面上漂浮的尽是破船板和断桨残舵，海滩上礁石旁更是血迹斑斑，尸体成堆。波斯国王在厄琉西斯附近的小山丘上，从头至尾目睹了这场战争的经过，原来想称霸希腊的雄心随着波斯海军的惨败而消失殆尽。

萨拉米斯海战前，波斯对地中海的制海权是至高无上的，任何国家都无法与之抗衡。萨拉米斯海战后，波斯在爱琴海上称霸的时代宣告结束。

亚克兴海战

在罗马内战期间，安东尼和屋大维之间，于公元前31年9月在希腊西部沿海亚克兴海角发生一次大海战，是为著名的亚克兴海战。

公元前43年，罗马的安东尼、恺撒的侄孙屋大维和骑兵长官雷比达结成反对罗马贵族的同盟，号称后"三雄"。第二年，屋大维、安东尼共同进军希腊，击败刺杀恺撒的布鲁多。此后，三雄各有自己的势力范围：安东尼占领东方行省，屋大维占领西方行省，雷比达统治地中海南部非洲。

屋大维利用贵族对自己的支持，巩固自己的地位，又利用安东尼和雷比达的军事力量，集中对付庞培的儿子绥克都斯·庞培。

公元前36年9月，屋大维的海军统帅阿格里帕带领300艘战舰混成舰队，在西西里北部的两次海战中，彻底消灭绥克都斯。从此屋大维势力大振，又把雷比达的军队也收编过去，夺走他的行省。从此，屋大维广泛争取力量，准备与安东尼决战。

安东尼带兵远征幼发拉底河上游，入侵帕提亚和亚美尼亚，结果失败。后来他与埃及女王克娄巴特拉相恋，沉迷在宫中，继而与屋大维姐姐离婚，与克娄巴特拉结婚。屋大维抓住这个时机，展开反对安东尼的宣传攻势，激起社会对安东尼的极大义愤。

公元前32年秋天，罗马元老院向埃及宣战，同时，剥夺了安东尼的大权。屋大维在社会舆论和各行省的支持下，动员兵力，积极准备粮草，修造战船，扩大军队。

不久，他和阿格里统率的集中在意大利南部的步兵达8万人，骑兵1.2万人，战舰400艘以上。战舰上装备称为"钳子"的新武器。这是把跳板外面包上铁皮，一头有铁钩，另一头有绳索。进攻时，用弩炮把"钳子"投射出去，用铁钩把靠近的敌舰拖住并渐渐移近。当时，正在埃及的安东尼与女王克娄巴特拉共同决定与屋大维决战。安东尼有步兵10万，骑兵1.5万，另有海军15万，战舰500艘，其中一半在埃及。安东尼的海军共有8个支队，每支队都有侦察船相随。整个舰队配备在希腊西部阿克兴海角。安东尼军队人数众多，但补给线过长，对作战不利。屋大维和阿格里帕深知安东尼的弱点，于是他们决定分兵几路同时出兵，切断安东尼的后方补给线，然后再与他决战。

公元前31年春天，屋大维带领8个军团、5个罗马近卫军支队，渡过爱奥尼亚海，占据亚克兴以北的高地，修筑工事准备作战。海军统帅阿格里帕带领一部分舰队，去袭击美多尼亚，拔掉了安东尼设在那里的保护运输的中继站，切断了和伯罗奔尼撒的联系。这是对安东尼军队沉重打击。而安东尼军营又正处在屋大维军营的夹击之中。安东尼得知这个情况后，他意识到：消极等待，粮食吃光，只会全军覆灭。因此，安东尼决定进攻。他调动军队，安排在屋大维军营南面3公里处扎营，另外，用船只运输骑兵在卢罗河口登陆，打算用步兵从正面进攻，骑兵从背面进攻。屋大维派骑兵应战，刚刚登陆的安东尼骑兵尚未站稳脚跟，就被击溃。安东尼的骑兵士气不振，大批逃亡。有人建议撤退到马其顿，在那里同屋大维再战。埃及女王克娄巴特拉反对这个建议，她认为发动一次海战就可以决定胜负。安东尼同意女王意见，准备进行海战。

在希腊的西海岸，夏天时的风向上午总是从海上吹向大陆；到中午时分，就转为西北风，风力相同。安东尼根据这个风向的规律，制订了作战方案。他把实力最强的舰队集中在右翼，利用风向转换把舰队迂回到屋大维的左翼，抢占上风，利用上风和舰船的优势与屋大维的舰队进行决战。他认为屋大维的舰船较小，而且又是逆风作战，难以发挥作用，自己可以迅速击败敌人。屋大维舰船一旦失败，他的陆地步兵就会因为运输中断、粮食不足而不战自溃。如果万一自己一方失利，也可顺风而逃。但是，这个方案被一个逃跑士兵告知了屋大维。于是，屋大维决定将计就计，他把舰队在海面上也分左中右三部分，摆成一线。左翼由阿格里帕指挥；中央由阿伦提指挥；右翼由屋大维指挥。

公元前31年9月2日，天空万里无云。安东尼舰队浩浩荡荡出港，共有6个支队，400艘战舰，分左中右一线展开，战舰上有4万名士兵。左翼由索苏斯指挥，中央指挥是巴尔卡斯，右翼指挥是安东尼，这支力量最强，有170艘战舰。埃及女王也带60艘战舰作为预备队，准备添补空缺，接应作战。

刚到中午时分，风向确是转变了，双方舰船上鼓号齐鸣，海战开始。安东尼的右翼和阿格里帕的左翼同时向着对方翼侧迂回。交战开始，安东尼的士兵不断地放箭，用机械投掷巨石和带倒刺的铁制标枪。阿格里帕也带领左翼舰船，避开安东尼舰船的攻击，猛烈的撞击敌船，一次不成再撞二次，接连撞击。他们时而进攻，时而后退；时而分散，时而集中。双方舰船撞击，有的撞击船尾，有的撞击船腹，有的撞坏船尾。海面上大小舰船混在一起，鼓号声和船板破裂声交织在一起，战斗异常激烈。其中发挥最大作用的是舰船上的"钳子"，士兵们随心所欲地选择敌舰，投射出"钳子"，铁钩死死拖住敌舰，船上士兵沿着跳板跑到对方舰船上，展开厮杀，从而使海战变成船上搏斗。安东尼的中央和左翼先退下来，最后他的右翼也只好撤退。女王舰船企图阻挡，也无济于事，不得不调过头来逃跑。不一会，千万只火箭、扎着火把的标枪纷纷向安东尼船队射来，随之大火燃起，浓烟滚滚，火焰熊熊。安东尼的舰船也被"钳子"勾住，他急忙爬上另一艘战舰，带着残部逃跑了。第二天，安东尼剩下的全部舰船投降，接着陆军也投降。最后，安东尼爬上女王的舰船逃命去了。

这次海战，安东尼损失300艘战舰，陆军全部投降。

勒班陀海战

1571年10月,奥斯曼帝国的海军和基督教的联合海军舰队,在科林斯港的勒班陀海域发生一场影响颇为深远的海战,即勒班陀海战。

奥斯曼帝国从14世纪起在中亚兴起,它依仗着有一支强悍的军队和伊斯兰教的影响,不断向外扩张。1453年,穆罕默德二世攻占君士坦丁堡以后,更加雄心勃勃,他穷兵黩武频频征战,使土耳其称雄地中海。到1566年,苏里曼二世即位,土耳其已是一个威震欧亚的军事帝国了。当时的形势是清真寺代替了基督教的礼拜堂,圣经换成了古兰经,一弯新月顶替了十字架。

在很久以前,基督教就已经成为欧洲各国的国教,后来基督教分化成天主教和希腊正教,继之希腊正教又演变成东方正教。这些宗教的巨大变革自然也引起国家间的战争。如果说战争是残酷的,那么宗教战争是在残酷上面又加上疯狂。宗教战争使欧洲各国都陷入不能自拔的困境,原来统一大帝国的局面被改变了,西欧有个西班牙在称霸,东欧有个威尼斯在称霸。他们在东西两面控制地中海。

正在基督教巨变时期，土耳其迅速崛起。苏里曼二世即位后，一心想争夺地中海的控制权，因此与威尼斯和西班牙的冲突已是在所难免的。

1569年9月13日，意外的事件发生了，威尼斯火药厂突然爆炸，引起熊熊大火，火光冲天。大火烧毁了停泊在威尼斯港的海军战舰。由此传出很多流言，有的说战舰被烧很多，也有的说被烧光。苏里曼二世很自然听信了烧光的消息。

1570年4月，苏里曼二世向威尼斯宣战。要求收回塞浦路斯，理由是该岛原来属耶路撒冷，自然应归土耳其管辖。威尼斯拒绝苏里曼二世的要求，于是，战争爆发了。威尼斯为了对抗土耳其而向各国求援，但答应援助者寥寥无几。土耳其大军很快在塞浦路斯登陆，并占领岛上很多城市。当土军攻击法马古斯塔要塞时，塞浦路斯总督和军事指挥巴格里昂带兵决战，不断打退土耳其军队的进攻。又时值冬季来临，土耳其军队无奈只好撤兵回国。

对于土耳其攻打塞浦路斯，基督教国家似乎都未清醒，无动于衷。教皇庇护五世，对这场战争的本质有比较清醒的认识。庇护五世为人精明，办事有魄力。他清楚地看出土耳其是想通过进攻威尼斯来实现控制地中海的目的。这是一场伊斯兰教对基督教的战争。因此，庇护五世召集基督教会议，起草基督教同盟宪章，从战略上分析了形势，认为只有取得地中海的控制权，才能击败土耳其，并把土耳其的非洲部分与亚欧部分分开。为此庇护五世向基督教国家呼吁联合起来，组织新十字军，狠狠打击伊斯兰教的西侵。

在教皇庇护五世的主持下，同盟各国建立了联合舰队，总共有200多艘战舰。庇护五世自己购置了12艘，西班牙国王派出西西里舰队和威尼斯舰队参加。全部舰队会集在克里特岛上。庇护五世主持很多军事会议，最后决定由西班牙国王的异母弟约翰为统帅，柯伦拉为副统帅。同盟军共有步兵5万人，轻骑兵4500人，快船200艘，其他战船100多艘。尽管同盟者之间是各揣心腹事，同床异梦，但在精神领袖教皇庇护五世的主持下，最后还是能团结战斗，共御强敌。当然，能实现消灭敌人，团结作战，这与年轻的约翰指挥也分不开。他年轻，智勇过人，是位杰出的帅才。

约翰带领联合舰队于1571年6月6日从巴塞罗那出发，与其同行的有安德拉德和克鲁兹，舰队先到意大利，与那里的多利亚会合。8月2日，在那不勒斯港，举行了授旗仪式。8月20日，联合舰队在麦西那会合，盟军全部会齐。

联合舰队的成员到齐后，约翰采取坚决措施，打破国界和邦界，把各盟国和盟邦的海军、陆军一律混合编制，混合整编后由统帅统一指挥。当时在麦西拉港停泊着联合舰队的船只，各种战旗随风飘扬。岸上兵营相连，一眼望不到尽头。联合舰队有各种舰船300多艘，步兵8万多人，其中精锐兵力有3万人。约翰的部署是分3个海上战区，中央由约翰亲自指挥，以费尼罗和柯伦拉为副，共有快船64艘。右翼由多里亚指挥，有快船54艘。左翼由巴尔巴里哥指挥，有快船53艘。同时设置前卫，由卡尔多拉指挥。后卫由克鲁兹指挥。另外还有一个运输队，由大船和运输船组成。尽管作战部署完成，但在怎样作战问题上，还争论不休，后来这些基督教徒用掷骰子的办法来决定，结果确定进行决战。联军举行了隆重的誓师大会，全部舰船上高高举起十字架，响起一片赞歌声。全体将士祈祷，请求上帝保佑胜利。

土耳其舰队于9月初进攻科孚岛，因遭到岛上军民坚决抵抗而撤往勒班陀海湾。联合舰队闻讯后，从麦西拉港起锚，决定北上追击土耳其舰队。

9月29日，约翰带领中央舰队直扑哥米尼查港，接着费尼罗和柯伦拉也紧跟而至。一场规模巨大、异常激烈的海战就要爆发了。

联合舰队的战舰中有一种中船，它有快和灵的特点，而且船上火力猛烈，船上装的炮也多，在这次海战中发挥作用突出。大船火力猛烈，但行动不灵活，也不迅速，它使用风帆，有两层甲板，犹如一座水上浮动的要塞。快船，单层甲板，用帆和桨推进，行动灵活快捷，是作战主力，但火力不猛烈。当时海战，主要是争夺有利位置，然后正面战斗，设法登上敌舰再进行搏斗，也就是在水面上打陆地战。约翰对舰船做了些改装，拆下快船上的长喙，使船上的火炮能自由转动。用中船担任前卫。为了增强斗志，鼓舞士气，约翰宣布解除基督教奴隶的枷锁，发给他们武器，宣布：作战勇敢者将获得自由。

与此同时，土耳其军队开始再次向塞浦路斯进攻，法马古斯塔沦陷，总督惨遭杀害。联军舰队得知消息后，全体基督教徒群情激愤，发誓要向土耳其人讨还血债。

10月6日，海面上浓雾笼罩，四野一片沉寂，约翰在旗舰上正式宣布开战，并发布命令，如果战争胜利，所有奴隶划桨手一律获得自由。全体划桨手顿时欢呼雀跃。

1571年10月7日，基督教联合舰队高速前进，开进勒班陀海湾。茫茫的大海中，数百艘舰船呈半圆形展开，把土耳其舰队封锁在海湾里。土耳其舰队在总指挥阿里巴沙的指挥下，普尔陶、哈桑、西罗柯和乌尔齐分别带领一支舰队，也早已做好战斗准备。决心与基督教徒决一雌雄。在辽阔的海平线上，联合舰队的旗舰发现了点点帆影，很快就是10艘、50艘，接着土耳其舰队开来。约翰即刻下令，基督教联合舰队的全部舰船都升起军旗，各海军将领也乘小船登上旗舰，参加作战会议。会上对怎样作战意见不一，最后英明的约翰斩钉截铁地说了几句话：现在我们已经没有时间再去商量，战斗的时刻来到了，这就是我的命令！于是分头去迎接战斗。因为大帆船未到，所以约翰把兵力分为3个支队。在前后又设有卫队。中央支队，约翰指挥，有64艘快船。左翼支队，巴尔巴里格指挥，也是64艘快船。右翼支队，多利亚指挥，也是64艘快船。前卫队卡尔多指挥。后卫队，克鲁兹指挥。柯伦拉和费尼罗分别在左右督战。于是联合舰队在宽阔海面上一字排开，长达6000米，阵势威武，各种战舰星罗棋布，军旗飘扬，全体将士以必胜的信心迎接战斗。

与之相对的土耳其海军舰队，也是威风凛凛。作战部署也是把舰队分成3个支队，统帅阿里巴沙指挥中央支队，有87艘快船和8艘小船。左翼支队的指挥是乌尔齐，有61艘快船和32艘小船。右翼支队由罗西柯指挥，有54艘快船，2艘小船。另外有预备队，是由8艘快船和21艘小船组成。

7日上午9时半，双方舰队逼近，正当联合舰队全体将士作完祈祷后，土耳其统帅阿里巴沙下令进攻，战争开始。

在广阔的海面上，双方舰队部署都是分成3个独立支队，各支队间又都有一个海面距离，所以海战是在3个不同的海面上展开的。首先交火的是土耳其的右翼和联合舰队的左翼，当双方接近时，联合舰队的中船首先开炮，密集而猛烈的炮火打得土耳其舰船顿时慌乱。这样强大的炮火大出土耳其人意外。土耳其军舰无力还击，只想沿浅海逃跑，不料被联合舰队巴尔巴里哥及时识破并果断拦截。在激战中，联合舰队的巴尔巴里哥负伤，他侄子康塔里尼立即接替。康塔里尼负伤，紧接着拉尼来接替，阵脚稳住，军心镇定，激战依然进行。最后，土耳其右翼支队全部被歼。

与此同时，联合舰队的中央支队与土耳其中央支队交战，约翰发挥了中船的战斗威力,将土耳其海军阿里巴沙打得混乱不堪。虽然土耳其士兵顽强战斗,准备靠近联合舰队,但约翰指挥若定,阵容严整,在经过惊心动魄的接舷战以后。双方又展开旗舰间的格斗。土耳其旗舰与联合舰队旗舰皇家号绞缠一起,400名土耳其士兵立刻过去,"皇家"号上300名士兵火炮齐发,把他们击退。土耳其士兵又第二次冲上来,这时联合舰队的费尼罗及时给皇家号上派来援兵,在援兵的攻击下,土耳其与联合舰队士兵厮杀在一起,新月旗与十字旗搅在一块,海面上漂浮着大量的尸体和伤兵,战争的残酷已经到了极点。双方指挥官都战斗在前沿,指挥士兵多次冲锋和反冲锋。突然,一颗子弹击中土耳其统帅阿里巴沙,一名联合舰队战士疾步上前把阿里巴沙的首级砍下,并举着首级高喊:阿里巴沙死了,阿里巴沙死了!刹那间土耳其军队大乱。联合舰队战士越战越勇,并占领了土耳其舰船,土耳其中央支队被彻底歼灭。

联合舰队右翼支队,在多利亚带领下的64艘快船与土耳其的乌尔齐带领的94艘战舰交战,因为寡不敌众而战况紧急。老谋深算的乌尔齐,发现联合舰队的中央支队与右翼支队之间有段很大的空隙,立刻派战舰向这个缺口冲击,企图从侧面袭击约翰带领的中央支队右翼。不料中央支队右侧卡尔多被打败,有些士兵被乌尔齐俘虏,他们又以此耀武扬威。正在这时,联合舰队预备队派来8艘快船的援军,也被土耳其16艘战舰包围。于是最激烈的战斗展开了,土耳其军队决心消灭联军8艘战舰，死死咬住不放。联合舰队右翼支队终因寡不敌众败下阵来。佛罗伦萨和桑吉阿凡尼西舰上士兵无一生还。在紧要关头，克鲁兹带兵来援助，约翰指挥的中央支队也派12艘战舰来参战，战局出现转机。土耳其的乌尔齐发现形势不妙，便挂着联军战旗，在浓烟掩盖下逃跑了。

在这次海战中，联合舰队歼灭土耳其舰队113艘舰船，俘虏117艘。缴获火炮274门，以及无数金银财富；歼灭土耳其舰队士兵13万人，俘虏8000人，使土耳其海军几乎全军覆没。而联合舰队只损失舰船12艘，被俘1艘，死伤1.5万人。

勒班陀海战是中世纪最大的一次海战，从此以后，以风帆为动力的舰船代替了划桨舰船，在武器方面，以枪弹代替了拉舷肉搏，旧海战时代结束了。再者，基督教联合舰队的胜利，打破了土耳其不可战胜的神话。

格拉夫林海战

1588年8月，英国海军与西班牙的无敌舰队在加莱海峡南岸格拉夫林附近发生一次海战，这就是有名的格拉夫林海战。海战结果，英国海军击败了西班牙的无敌舰队。

从16世纪下半叶开始，英国正处于资本主义发展阶段，它急于向外寻找殖民地和市场，但是，在向外侵略的道路上，遇到了西班牙的阻挠。当时西班牙是海上强国，在外面已经拥有很多殖民地。英国与西班牙之间的激烈矛盾，即隐藏着战争。天主教是西班牙对外政策的工具，而英国则极力支持反对天主教的力量。当时，英王伊丽莎白大力支持法国的雨格诺教徒，并帮助起义的尼德兰人。而西班牙则支持爱尔兰天主教反对英国统治。西班牙又在英国国内策动暴乱反对伊丽莎白女王，企图把已经监禁起来的前苏格兰女王玛利亚·斯图亚特拥上王位，代替伊丽莎白女王。

1569年，英国北部各郡发生暴动，暴动者企图把玛利亚·斯图亚特从狱中解救出来，并取代伊丽莎白。英王伊丽莎白在大多数贵族包括广大农民的支持下，对暴乱者采取了坚决措施，同时对支持者西班牙也毫不留情，一律予以镇压和反击。

1586年9月，对那些暴乱分子一律处死。

1587年2月1日，对玛利亚·斯图亚特也处以死刑。

英王伊丽莎白一系列行动，无疑是对西班牙和欧洲天主教势力的沉重打击。对此，西班牙当然不会善罢甘休。西班牙国王腓力二世为了战胜英王伊丽莎白，首先联合教皇西克斯特五世。教皇号召天主教徒联合一致，向英国开战。其次，腓力二世组建大型海军舰队——无敌舰队。任命统帅梅迪纳·西多尼为指挥。舰队有舰船128艘，火炮2430门以及2万多名水兵。面对西班牙的扩军备战，伊丽莎白打着维护国家和民族独立的旗帜，组织全国人民和军队对西班牙予以坚决回击。英国也建立了一个强大的海军舰队，由霍华德指挥。舰队有军舰和运输舰197艘，各种火炮6500门。全体海军士兵素质好，作战经验丰富，战斗力强。军舰战斗性能也很好，超过西班牙军舰。

1588年，英国与西班牙都已准备完毕。西班牙的无敌舰队在梅迪纳·西多尼指挥下启航。英国海军舰队也在霍华德指挥下起锚。7月20日两国军舰在海上相遇，但因为距离远，所以一天都没有开火。21日，两国军舰相向靠近，西班牙海军统帅梅迪纳命令各分舰队，拉开作战的架势。

7月23日，西班牙海军统帅梅迪纳发现英舰已经逼近，同时又位于有利的位置，一时惊呆，但即刻下令准备战斗。梅迪纳登上旗舰"皇家方舟"号，霍华德也登上"圣马丁"号旗舰。

双方终于开火，英国海军列成纵队，威武庄严，边前进，边开炮。舰船行驶非常迅速，炮火射击异常猛烈，无敌舰队渐渐地无力支持。根据作战形势，英军统帅霍华德在旗舰上召开作战会议，研究作战方案。会上将领们一致认为，应提防西班牙舰队逃往维特岛，为此决定立即对无敌舰队展开追歼。于是命令追克中将带领舰队迅速采取行动。但是，由于追克中将在航行中，碰到一艘破损严重的无敌舰队的军舰，舰上装有很多财宝，于是他为捕获这艘军舰，而擅自离开追歼西班牙舰队的航线。在漆黑夜里。他部下舰船一时失去指挥。这正好给西班牙舰队一个喘息时机，无敌舰队乘机调整部署，扬帆战斗了。

经过喘息后的无敌舰队，精神振奋，于23日早晨，梅迪纳又发出作战命令，新的战斗开始了。无敌舰队迎着海风，各种火炮同时发射，万炮齐鸣，硝烟弥漫。对方也是同样，毫不逊色。战舰上喊声、炮声不绝，海面上激起的水柱冲天而起，数不胜数。战斗一直持续到双方弹尽，才各自纷纷退出战场。

无敌舰队准备去加莱斯港，在那里补给弹药。26日，梅迪纳带领无敌舰队驶往加莱斯港，英军发现这无敌舰队的企图，穷追不舍。在无敌舰队刚抛锚时，英军乘西班牙军弹药空虚，大胆地靠近无敌舰队，在射程内尽全力向它猛烈射击。无敌舰队只能勉强招架无力还击，唯一的出路只有逃跑了。高明的霍华德立即下令舰队全速追歼无敌舰队。在追歼中，霍华德认为英军舰队与无敌舰队间距离尽量靠近，在保证弹不虚发的情况下，向无敌舰队开炮射击，以使不多的弹药发挥更大的威力。

双方在格南费里尼斯角再次接火，英舰步步进逼，无敌舰队阵势越来越混乱。所幸到下午6时许，风向转变，无敌舰队顺风而逃，最后残部退出英吉利海峡。

在这段海战中，无敌舰队使用了10多万发炮弹，而英舰没有一艘被重创，只牺牲1名舰长和20多名水手。相反，无敌舰队仅在格南费里尼斯一战就牺牲1400多人。梅迪纳带领舰队不断退逃，在费尔斯又汇集了一些零散舰只，后到加莱斯。为躲开英舰追击而继续逃跑。

8月8日，无敌舰队的50多艘舰船在格拉夫林子午线与英舰相遇，展开激战。英舰发挥灵活快速优势，对无敌舰队发起猛攻。在英舰强大的炮火压力下，无敌舰队只有逃跑，别无办法。最后，无敌舰队16艘军舰被击沉，英军舰无一被击沉。无敌舰队统帅梅迪纳于夜幕中，把残余舰只集中一起，从北面绕过不列颠群岛返回西班牙。

格拉夫林海战，西班牙无敌舰队遭惨败，严重削弱了西班牙的海上威力；英国舰队胜利了，从而赢得了大西洋上的制海权。

鸣梁海战

1591年，日本积极着手进行侵朝战争的各项准备。李舜臣在国家危难之时，承命于全罗左道水军节度使这一海军要职。李舜臣到职后，即竭尽全力加强海军建设，筹划对抗日本侵略战争的准备。

李舜臣着重整顿军队和改制武器装备。在整顿军队方面，他吸收了朝鲜海军的优良传统及外国的先进经验，对所属海军的战斗编队、战略战术、进行了改革；并加强了对部队的爱国主义教育，使指战员都成为忠于祖国、英勇善战的勇士。先进的武器是克敌制胜的重要因素。为了提高朝鲜海军的战斗力，李舜臣对朝鲜"龟船"进行改造。改进后的"龟船"长十余丈，宽一丈多，船身及上面的"龟壳"用硬木制作，包上铁板，敌人炮火不易伤害它。铁板上还装有密集的铁钉，使敌人在接舷战时无法攀登。船头有一个大龙头，上设两个炮眼，在行进中船内可焚烧硫黄等物，烟从龙口喷出，可以起到隐蔽自己，迷惑敌人的作用。船身四周凿有很多炮眼枪眼，便于士兵在船内敌人发射火力。同时，船的两侧各有10面船桨，战斗时一齐划动，航行飞快，进退自如。加大后的船体可多存淡水、粮食，适合长时间、远距离航行，经李舜臣改造后的"龟船"马上投入成批生产。

1592年4月，日本侵略者以陆军的优势兵力在朝鲜釜山登陆。同时，以强大的舰队配合陆军行动。李舜臣指挥朝鲜水师奋起抗击，屡挫日本海军，牢牢地控制着制海权，成功阻滞日本陆军的进攻速度。

5月上旬，李舜臣水师与日本海军在玉浦海面展开激战。在玉浦港的日本战船上的水兵，大多登岸对朝鲜村庄进行劫掠。李舜臣乘敌不备，率85艘舰船隐蔽疾驶，直扑玉浦港，击沉、烧毁敌舰26艘，当晚又击沉击毁敌舰18艘，朝鲜水师仅1人负伤。

从5月底到6月上旬，李舜臣又指挥了唐浦战役。

5月29日，李舜臣率领备龟船的23艘战舰，与元均指挥的水师会合，准备向泗川洋面的日军阵地发动进攻。到达预定地点时，李舜臣发现敌占据的地形险要，不利攻击，便随机应变，采取以退为进的战术，诱敌出港，准备在洋面上歼灭敌人。日本海军见朝鲜海军不战而退，误以为是胆怯，即全力追击。待敌追至对朝鲜水师有利的海域时，李舜臣出其不意地转退为进，以"龟船"充当先锋，冲入敌阵，左冲右撞，往来穿梭，同时发射各种火炮，将敌舰撞破或击沉。其他战船也不甘示弱，箭炮齐发，日本舰队大乱。经过一番激战，日军参与追击的全部舰船不是被击沉就是被缴获。

6月2日，李舜臣率舰队进攻唐浦敌军，令"龟船"冲向敌旗舰并将其撞破，同时纵火将在唐浦的21艘敌舰全部烧毁。

6月5日，李舜臣与李仁祺部，采取诱敌出洋，前后夹攻的战术，又烧毁敌舰26艘。

7月，朝鲜水师在闲山岛海战中击毁敌舰近百艘，一举歼灭敌日本海军主力。

1595年，闲山岛大捷后，日本海军屡战屡败，主力丧失殆尽。特别是丢掉制海权后，日军的陆上攻势因为缺乏补给而被迫减弱，在占领平壤后，日军停止了攻势。1593年，双方议和。李舜臣因为闲山岛等一系列战功，被朝鲜王封为二品正宪大夫、三道水军统制使。据说，"三道水军统制使"是朝鲜专为他而第一次设置的官职。日本为了除掉李舜臣，使用反间计诬陷李舜臣居功自傲，阴谋篡权。

1597年1月，小西行长用丰臣秀吉的计策，利用朝鲜的党派之争，派人在朝鲜都城散布谣言，陷害朝鲜水军名将李舜臣，朝鲜国王李昖中计将李舜臣下狱，幸亏一些爱国将领出面死保，李舜臣才得以免死，但被贬为士兵，白衣从军。得知反间计成功后，丰臣秀吉立刻于2月21日再度下令调动14万陆军和2万水军入侵朝鲜。从动员到集结共花费5个月时间，在7月集结完毕。

1597年3月，日本由小西行长、加藤清正率领14万陆军、万余海军以及战船数百艘，再次大举侵朝。

此次，丰臣秀吉的军队由水陆同时进犯朝鲜。

7月7日，日本水军统帅九鬼嘉隆决定一雪前耻，他率领庞大的日本舰队，偷袭了停泊在漆川岛的朝鲜海军。他考虑到日本安宅船不是朝鲜"龟船"的对手，所以，日本海军专门针对朝鲜海军的龟甲船做了改进，把原有的安宅船及大关船都临时包上铁壳，变成了巨型铁甲船。开战时，朝鲜海军以为日本的舰队是路过的运输舰队，没有料到日本舰队突然发起进攻，由于当时还在谈判期间，所以朝鲜海军没有丝毫戒备，在战役中朝鲜战船全被日本海军击沉击毁，海军指挥官三道水军都统制元均被火炮击中身亡，朝鲜水军被重创。

战后，日本水军配合陆军水陆夹击漆川岛的朝鲜水军，朝鲜水军几乎全军覆没，日海军完全控制了制海权。

日本陆军分为左路军和右路军。登陆后采取的是钳形攻势，两路军分别向南原和全州前进，根据计划，这两路军应在朝鲜都城会师。

8月1日，14000余日本左路军进攻全罗道，正赶上明军进驻全罗、忠清两道。明军杨元率3000人守卫南原，经奋勇战斗后因寡不敌众，明军2700余人战死，南原失守。驻守全州的明将陈愚忠因南原失陷立即撤退，这样日本右路军便兵不血刃地拿下了全州。攻下两地后，日军又分别攻陷黄石山、金州、公州等地，王京汉城已经无险可守。

8月19日，明军除守卫稷山外全线退至汉城，日军已经占领了全罗道全部地区。

大敌当前,朝鲜举国上下一致强烈要求重新起用李舜臣。朝鲜王迫于形势,不得不顺应民心,重新任命李舜臣为三道水军统制使。可是这时,扬威海上的朝鲜水师只剩下12艘军舰。

李舜臣到任后,在全罗道右水营着手重建海军,8月28日,报国心切的李舜臣指挥一支规模很小的"龟船"海军,投入鸣梁海战。

在鸣梁和珍岛碧波亭之间,有一水流湍急的海峡。李舜臣乘退潮时派人设置了铁索与木桩。日本海军打败元均舰队后,企图在朝鲜水师重建之前将其彻底摧毁。9月16日,日军藤堂高虎率领333艘战船和2万陆军从兰浦出发,准备趁涨潮时进入鸣梁海峡,向朝鲜水军发起攻击。

战斗中,李舜臣将许多民船伪装成战船,排列在水营战船之后,迷惑敌人,自己亲自率领13艘龟船引诱敌人驶入鸣梁海峡。恶战之后,李舜臣率领船队击沉敌人指挥船和其他战船2艘。日军主将被击毙,阵形大乱。这时已开始退潮,海水湍湍东流,朝鲜战船趁势猛攻,敌船招架不住,顺流东撤,但被铁索和木桩挡住去路。朝鲜战船抓住有利战机,奋力冲杀,击沉敌船36艘,毙敌4000余人,重创了日本舰队。

鸣梁海战的胜利,不仅粉碎了日军的海上进攻,而且,使日本陆军不得不龟缩在南海岸的狭窄地带。

第一次英荷战争

荷兰是面积仅4万多平方千米、自然资源相对贫乏的小国。荷兰地区原是西班牙的属地，1609年宣布独立。它的造船业久负盛名，仅仅在首都阿姆斯特丹就有几十家造船厂，全国可以同时开工建造几百艘船。而且，船只造价比技术先进的英国还要低三分之一到二分之一。所以，荷兰很快成为欧洲的造船中心。当时，世界各国间的贸易交往主要依靠海上交通。荷兰的商船队拥有1.6万余艘船只，占欧洲商船总吨位的四分之三，世界运输船只的三分之一，被称为"海上马车夫"。

17世纪，经过资产阶级革命而摆脱西班牙统治的荷兰，在短短几十年间就超过许多欧洲国家，成为"17世纪标准的资本主义国家"。波罗的海沿岸地区的粮食，均由荷兰运往地中海。德意志的酒类、法国的手工业品、西班牙的水果和殖民地产品，由它运往北欧。荷兰商人从葡萄牙人手中偷来了远航东方的航海图，旋即组织商船到达印度的果阿、爪哇和摩鹿加群岛等地。

1602年，荷兰商人和贵族联合建立东印度公司，在南亚迅速扩张，建立起一批武装商站。

1603年在爪哇，1606年在马六甲，荷兰先后打败西班牙和葡萄牙海军。并于1619年在爪哇建立第一个殖民据点巴达维亚（即雅加达），然后，由爪哇向西侵占苏门答腊岛，向东从葡萄牙手里夺取香料群岛（即东印度群岛），还相继侵占了马六甲和锡兰（即斯里兰卡）。在亚洲东部一度侵入中国领土台湾。在日本九州岛的长崎取得了商业据点。

1648年，荷兰占领了好望角，在非洲南端建立起一个战略地位十分重要的殖民据点。在北美以哈得逊河流域为基础，建立了新尼德兰殖民地，并在河口夺取曼哈顿岛建立新阿姆斯特丹。在南美洲，荷兰殖民者占领了安得列斯群岛中的一些岛屿。

16世纪晚期，英国从西班牙手中夺得海上霸权，打破了西班牙和葡萄牙的殖民垄断局面。脱颖而出的英国，逐渐发展为强大的殖民国家。这也昭示着英国同荷兰的斗争无法避免。荷兰此时也加紧在俄国和波罗的海各国，在北美殖民地和东亚各国，在地中海和西非沿岸地区发展经济。荷兰人倚仗资本雄厚，基本垄断了各国的海上贸易。

1649年，查理一世被处死，英国国内资产阶级迫切要求开辟新的海外殖民地、拓宽海外市场，而荷兰对于海上贸易的垄断成了这种需求最大最直接的阻碍和威胁。英国"护国公"克伦威尔当政时期制定了控制海洋的战略。他非常重视海军的组建，专门成立了"海军委员会"负责建造为海战设计的新型战舰。英国海军从1649年的39艘猛增至1651年的80艘，其中大部分是二层甲板、并拥有60至80门炮的巨型战舰。克伦威尔还加强海军训练和管理：改善水兵的薪饷膳食；制定所谓的"奖金"制度，犒劳俘虏或击沉敌舰有功的士兵；还专门从陆军中选出兵士担任职业海军军人，并任命经验丰富的职业军官指挥海军。

同年，英国与丹麦签订条约，获得货船免税通过松德海峡的权利，从而掌握这一地区的贸易优势。最令英国人不能容忍的是，荷兰竟然在英国水域肆意捕捞鱼虾等水产品，甚至把这些水产品拿到英国市场上高价出售，牟取厚利。这些情况早已激起英国资产阶级的愤怒。

1651年，英国议会通过了新的《航海条例》，规定一切输入英国的货物，必须由英国船只载运，或由实际产地的船只运到英国，这就是说不许其他有航运能力的国家插手。荷兰一向以商船多、体积大、效率高、组织完善而成为贸易中介国家、全世界商品集散的中心。英国的新航海条例显然是对付荷兰的，打击它在英国对其他国家贸易中的中介作用。荷兰与英国之间的斗争空前激化起来，荷兰反对英国的航海条例，英国拒绝废除航海条例，导致英荷海上大战。

1652年5月，英国海军将领布莱克率领20多艘舰船在多佛尔海峡巡逻，与荷兰海军上将特罗普率领的42艘为商船护航的军舰不期而遇。布莱克要求荷兰海军下降军旗向英国国旗致敬，遭到拒绝（13世纪以来，英国要求其他国家的船只在经过多佛尔海峡时必须向遇见的英国军舰行"升旗"礼，以示敬意，承认英国的所有权）。英国开炮轰击，于是，双方互射4个多小时，荷兰损失了2艘战舰，布莱克的旗舰"詹姆斯"号被射穿了70多个弹孔。这成为第一次英荷战争的导火索。7月28日，双方正式宣战。

第一次英荷战争由一系列规模空前的海战组成，主要集中在多佛尔海峡，以及包括北海在内的战区。其中，由两国所处的地理位置决定了多佛尔海峡战区成为双方作战主要区域。这次海战，双方都投入2—3万名水兵，6000—8000门大炮，期间作战次数之多，是历史罕见的。据统计，仅在1652年5月至1653年8月的15个月之内，双方舰队作战次数已经不亚于当时世界各海洋历次战役的总和。

英国方面制定的战略主要是控制多佛尔海峡和北海，切断荷兰与外界的一切联系，迫使荷兰人投降。为此，海军舰队司令布莱克采取了集中强大舰队、拦截通过海峡的一切荷兰船只的战术，以确保其的绝对制海权。他大胆地在海军作战中引进了陆军作战注意队形和整体效果的战法，发展了海军战术。战争的伊始，英国便将自己的舰队分成红、白、蓝三个支队以便于指挥。并颁布了"第一个海军纪律条令"，整顿军纪。另外，他还派出舰队到苏格兰北部袭击荷兰东印度公司的运银船，到北海击沉或捕获荷兰的捕鱼船，甚至进入波罗的海，破坏荷兰和北欧、东欧方面的海上贸易。毫无疑问，这种战略战术的运用对于荷兰经济方面的打击是致命的。

　　荷兰方面制定的战略是以强大的舰队为商船护航，强行通过多佛尔海峡，确保与外界的联系。决定于海军实力的对比，这本就是多少有些消极的战略，然而战略部署的不当却更使之陷入劣势的境地：荷兰在次要战场，即地中海战区投入了过多的兵力，从而使其在海峡争夺方面的力量显得十分薄弱。虽然，荷兰海军将领马顿·特罗普在与法国海盗和西班牙海军的长期作战中积累了丰富的海战经验，具有很高的统率艺术，荷兰水兵的战斗素质也比较高，但各舰常常缺乏协调能力，加之装备、数量方面的欠缺，以致在军事方面仍处于劣势，使得英国的海上封锁达到了远远超出预期的效果。

　　1652年8月26日，荷兰舰队护航商船通过英吉利海峡时受到英国舰队（约40艘军舰和5艘纵火船）拦截。荷兰著名指挥官米歇尔·阿德里安松·德·勒伊特在普利茅斯港外投入了30艘军舰和6艘纵火船与英军作战。此战双方实力相近，在舰队指挥、舰船运转技术、海战技术、炮术方面都堪称优秀，被认为是历史上一次有名的棋逢对手、将遇良才的海战。此役双方互有伤亡，但是，荷兰商船队成功地通过了海峡。

　　普利茅斯海战之后，荷兰方面认为英国海军战斗力不如其海军，便在没有从地中海抽调援兵的情况下，忽视兵力和火力都弱于敌方的现实，贸然发动攻击。

1652年10月8日，英格兰共和国与荷兰共和国之间又爆发了一次海上较量，这就是肯梯斯诺克海战。海战发生海域位于泰晤士河口30公里以北的肯梯斯诺克沙洲。

威特·德·威斯一开始想把旗舰设在荷兰舰队最大的战舰"布雷得罗德"号上，他也曾是老特罗普的旗舰，可是布雷得罗德号的全体水手一致抵制威特·德·威斯，水手们不许他登舰，并戏称这位海军司令为"鲜奶酪"，泽兰海军部下属舰队司令赶紧前往"布雷得罗德"号去斡旋，试图说服船员们接受这位新任海军总司令的指挥，但是，斡旋失败了。威特·德·威斯无奈的只好在东印度公司的"威廉王子"号升起他的将旗，可笑的是，"威廉王子"号的水手也不配合这位新任指挥官的差遣，当威特·德·威斯登上战舰时，大部分喝醉的船员以这种不礼貌的方式欢迎新任海军总司令的到来。

10月2日，威特·德·威斯与完成了商船护卫任务的"德·鲁伊特尔"号会合在比利时西北的奥斯坦德，他计划在10月5日发动一次攻击行动，目标是英国战舰锚地，62艘战舰在他的率领下出海。然而，他的计划从开始就遭到挫折，由于风向变化，突袭没有成功，反而让英国战舰有足够的时间准备。

10月8日，荷兰舰队出现在肯特诺克沙洲，他们看到了由68艘战舰组成的英国舰队，指挥官是荷兰人的老对手：罗伯特·布莱克，他的旗舰是威力强大的"金色魔鬼"海上君主号。英国舰队位于荷兰舰队的南面，他们占据了有利的风向。

10月8日17时，英国舰队发动进攻。坐镇"海上君王"号上的布莱克率领火力强大的舰队冲向荷兰人的阵线，并形成了突破，威特·德·威斯向南抢风航行以期望获得风向的优势，不料遭到了佩恩海军中将的分队的截击，战斗很快就陷入了混战，两边都无法有效的控制队形，事先商定的作战协同全都被抛诸脑后。凭借强大的火力和坚固的船体，英国人在混战中处与优势，但是荷兰人良好的操舰技术和近战技巧部分了抵消了英国人的优势。19时，荷兰人有一艘战舰被俘获，另一艘被击沉，损失不算严重。战斗只持续了2个小时就因为黑夜的降临而终止。

第二天早上，15艘隶属泽兰海军部的战舰不愿在威特·德·威斯的指挥下战斗而擅自撤退了，荷兰舰队只剩下40多艘战舰了，数量上与英国舰队的差距增大了。而布莱克也于天亮过后重新率领舰队压了过来，威特·德·威斯还想坚持战斗，但是经过昨天的激战，许多战舰受伤不轻。最终，荷兰舰队开始有次序的撤退，在威特·德·威斯出色指挥下，尽管布莱克全力追击，荷兰人还是全身而退，撤退过程没有遭受任何损失。2天后，当他们返回港口后，跟在后面的布莱克才放弃了追赶。

这次战役使得英国将分散的海军力量重新集中，加之国内又新建了多艘战舰，双方军事实力的对比发生了变化。

1653年2月28日至3月2日，重新上任的特罗普率领80艘战舰护送约180艘商船在返回荷兰的途中与英国舰队（约70艘战舰）遭遇。荷兰舰队投入攻击，掩护商船前进，双方在海上激战了整整3天，特罗普才突破了英国的海上封锁，将大部分荷兰商船安全送回本国。但此役荷兰海军损失惨重，11艘战舰与30艘商船或被击沉或被缴获，阵亡人员近2000。英国方面仅损失1艘战舰，伤亡1000多人。

1653年6月12日至13日，荷兰人卷土重来，特罗普指挥荷兰舰队（约军舰104艘）从本土基地出发，试图打破英军的海上封锁。蒙克、迪恩指挥115艘英国战舰迎战。初时，双方力量接近，相持不下。暮色之下，布莱克率18艘军舰赶来增援，荷兰舰队在数量上居于劣势，于13日开始撤退到佛兰德浅滩，英国军舰无法追击（荷兰船只吨位较小，船底较平，吃水不深，能够停靠在像荷兰海域那样的浅水滩；英国军舰则大多吃水很深，无法进入浅滩）。荷兰此役有9艘军舰被击沉，11艘被俘，损失兵力1400多人。英国仅损失了1艘军舰和400多人，舰队司令迪恩海军上将阵亡。荷兰完全丧失了制海权。

1653年8月8日至10日，不甘心失败的荷兰人在老将特罗普的率领下，决定进行一次自杀式的决战，他重新扩充军队，和英国海军在斯赫维宁根海面展开决战。8月10日，战斗正式开始，荷兰海军拥有战舰106艘（其中特罗普指挥82艘，德·勒伊特指挥24艘），英国拥有战舰100艘（蒙克指挥）。据说战斗从早晨7点一直持续到晚上8点，战况十分激烈。特罗普中途中弹身亡，荷兰人士气大为受挫，25名舰长脱逃。这次海战以荷兰的惨败告终，荷军损失了15艘战舰，伤亡4000多人，而英军仅损失了2艘军舰，伤亡1000多人。

在英国海军绞杀式的封锁下，荷兰过度依赖对外贸易的经济模式暴露出致命的弱点。封锁几乎使荷兰处于国破民穷的境地，于是，荷兰被迫与英国进行和谈。

1654年4月15日，两国签订了《威斯敏斯特和约》，根据和约，荷兰承认英国在东印度群岛拥有与自己同等的贸易权，同意支付27万英镑的赔款，同意在英国水域向英国船只敬礼，并割让了大西洋上的圣赫勒拿岛。第一次英荷战争结束。

洛斯托夫特海战

洛斯托夫特海战，发生在第二次英荷战争期间，准确时间为1665年6月13日，英荷双方舰队在英格兰东海岸外的洛斯托夫特展开的一场海战。这次海战中，纵火船起到了异乎寻常的作用。根据这次海战的经验，海上强国开始缩减舰队中的雇佣商船和建造专用军舰。虽然德·勒伊特依靠其出色的指挥艺术，游弋于英吉利海峡、巡逻于泰晤士河口外，有效地保护了荷兰的对外海上贸易。但是，英国的战略优势地位仍然存在。

1664年4月，一支英国海军远征队占领了荷兰在北美的新阿姆斯特丹，并将其重新命名为纽约。1663年，英国得寸进尺，组织"皇家非洲公司"开始进攻荷兰在非洲西岸的殖民地，并于1664年占领，企图从荷兰人手中夺取一本万利的象牙、奴隶和黄金贸易。忍无可忍的荷兰开始采取行动：1664年8月，德·勒伊特率领8艘战舰收复了被英国占领的原荷属西非据点；1665年2月22日，荷兰正式向英国宣战，第二次英荷战争于是爆发了。

英荷战争的起因是英国为了打败日益发展的商业竞争对手

荷兰，并力求保住开始建立的海上优势和争夺殖民地，曾三次挑起对荷兰的战争。通过三次战争，英国进一步建立了海上优势，维护了海上利益，而荷兰的经济和海军实力却都受到了削弱。在战争中，海军开始出现舰队、分舰队和总队三级体制；海战则由单舰格斗（炮击和接舷战）发展为以炮战为主的纵队攻击；夺取制海权已成为海军的主要战略任务。

洛斯托夫特海战的真正原因是对贸易利益的觊觎，但是，冲突的直接原因起源于两个贸易公司之间的利害冲突。敌对行动开始出现在非洲西海岸。1664年，英国的一个分舰队在那儿夺得了荷兰的几个停泊地之后，驶向了新阿姆斯特丹（今纽约），并将其占领。所有这些事情都发生在1665年2月正式宣战之前。

第二次英荷战争期间，海战的次数虽然大幅度减少，但规模更大了。双方主要是以海军主力决战的形式、力图按照战列线战术作战来夺取制海权。由于炮火的改进和射程以及杀伤力的提高，使得双方在海战中的损失大大提高。

荷兰方面由于德·勒伊特远征非洲未及返回而由沃森纳尔和奥布丹指挥，大约有战舰103艘，11艘纵火船以及7艘通讯船，合计4900门炮，2.1万人。

英国方面舰队总司令是查理二世的兄弟约克公爵，拥有战舰109艘，其中50门至90门火炮的战列舰为35艘，武装商船21艘，纵火船21艘，以及小型船只7艘，合计4200门炮，2.2

万人。但英国海军在舰艇大小与火炮威力方面都要优于荷兰海军。

战端伊始，荷兰处于有力的顺风位置，但由于指挥高层的不协调性所导致指挥系统未能掌握时机主动攻击。等到风向改变之后，荷兰舰艇才顶风攻击。双方列阵齐射不久，队形就开始散乱，继而转入混战。在激战中，荷兰旗舰"伊恩德纳赫特"号被击中弹药库，发生爆炸，两位舰队指挥官沃森纳尔和奥布丹双双阵亡。旗舰上409人仅有5人获救。

之后，荷兰巨舰"奥兰奇"号遭俘虏，被焚毁。荷兰船只纷纷溃逃，损失惨重：至少17艘战舰、3名海军上将以及兵士4000多人。英国方面仅损失了2艘战舰和800多名水兵。荷兰人指挥系统的失误以及旗舰的过早损失给了英国获胜的机会，但其火炮射程的远与海军战术水准的高都是不可忽视的原因。

在洛斯托夫特外海的第一次海战中，荷兰舰队司令奥普达姆，看来不是一名海员，而是一名骑兵军官，他受领的战斗命令非常明确；但是，却没有交给他作为舰队司令在战场上随意调动部队的权力。内阁通常都非常喜欢这样干预陆上指挥官或海上指挥官的指挥权力。一般来说这是一种极大的灾难。路易十四时期，最伟大的舰队司令图尔维尔由于受到干预，被迫否定自己的判断，使全部法国海军遭难。一个世纪之后，英国海军将军基思由于执行他生病在港内的顶头上司的强制性命令，又使一支较庞大的法国舰队逃脱了他的攻击。

在洛斯托夫特海战中，荷兰舰队的前卫败退了，不久后，荷兰舰队主队，奥普达姆分舰队中的一位年轻的海军将军阵亡，舰员们惊慌失措，从军官手中夺取了指挥权，退出了战斗。随后，12艘或13艘战舰也离开了，使荷兰战列线出现了一个很大的缺口。这件事情再次说明了荷兰舰队缺少严明的纪律，军官们的风气不佳，尽管这个国家的人民有良好的作战素质，尽管在荷兰人民当中确实有比英国舰长更好的海员。荷兰人坚定不移和顽强不屈的品格，不能完全弥补那种职业自豪和军事荣誉感，而这些恰是一个健全的军事机构要鼓励达到的目的。在这个问题上，英国人普遍的感觉几乎也是茫茫然，官兵的个人勇敢和整个军事成效之间，没有什么衔接措施。

奥普达姆看到了战斗越来越对他不利，似乎觉得已经陷入了绝境。他企图咬住英国舰队司令，当时英国国王的弟弟，约克公爵的旗舰厮杀。但是，他失败了，在其后所进行的拼死的斗争中，他的座舰发生了爆炸。接着，荷军的3艘战舰彼此相撞，并被英军纵火船烧毁；其他3艘或4艘战舰也随之逐一被毁坏。当时荷兰舰队乱作一团，他们开始在特龙普的分舰队掩护下撤退。特龙普是共和政体时一位有名的曾驾驶一艘桅杆上只悬挂一把扫帚的船驶过英吉利海峡的老舰队司令的儿子。

在这次海战中，纵火船起到了异乎寻常的作用，与1653年相比，其作用更可靠了，尽管在这两次战争中，它们都是舰队的附属成分。表面看来，纵火船的作用非常类似于现代海战中鱼雷巡逻艇所起的作用。主要的相似点是它具有极其猛烈的攻击能力，船体都较小，实施攻击要求具备许多条件。主要不同点是现代舰船具有相对的可靠性，这一定程度上是由于装甲舰优于老式战舰，使其易于操纵；鱼雷给敌舰造成的损坏有瞬时性，它的攻击在瞬息之间即可确定其成败，但是，纵火船要达到目的则需要一定的时间；鱼雷和纵火船都是彻底摧毁敌舰，而不是使其丧失活动能力或者使其降服。正确评价纵火船的作用，和研究使纵火船获得最有成效的环境以及纵火船消失的原因，可能有助于一些国家作出是否完全用鱼雷巡逻艇装备其舰队的决定。

作为第二次英荷战争的一部分，洛斯托夫特海战在战争的初期保住了英国的优势地位，并对荷兰舰队造成了重创，使得荷兰处于只能维护交通线的被动态势。

第二次英荷战争

1660年，查理二世在资产阶级和新贵族与封建王朝残余势力的妥协下回到英国，被立为国王。查理二世登上英王宝座不久就授予英国海军为"皇家海军"的称号，并任命他的弟弟约克公爵为最高指挥官。新的更为苛刻的《航海条例》被颁布，英国在海外向荷兰殖民地展开了新的攻势。然而此时的英国海军实力已今非昔比了：克伦威尔军事独裁时期对内镇压反对势力，对外远征爱尔兰、苏格兰，并与西班牙进行战争，使得国家背负200万镑的债务。至1660年，由于政界和军界的腐败，欠外债高达100万镑。全年海军拨款仅及海军预算的三分之二，造成船只破旧失修，兵士匮薪，士气低落，海军战斗力被严重削弱。

荷兰在第一次英荷战争战败后，对于《航海条例》如芒在背，卧薪尝胆一直寻求着重夺制海权的时机。此时，德·勒伊特军上将在老将特罗普阵亡之后继任成为荷兰海军统帅，他励精图治，改组海军。并重整了海军的战略思想，即认识到单凭护航商船是无法击败英国的。只有改变这种被动战略，抛开商船，以海军主力寻求与英国舰队决战的机会，夺取制海权，才能取得战争的胜利。在这种战略思想的指导下，荷兰加紧建造大型战舰。到了1664年，海军已拥有103艘大型战舰，火炮4869门，官兵21631人。自从英国采用战列线战术后，其他国家的海军也竞相仿效。据说最早提出这一战术思想的可能是荷兰的老将特罗普。不过，真正大胆运用这种战术则是在第二次英荷战争中。

英国的挑衅使得荷兰觅到了复仇的良机：1664年4月，一支英国海军远征队占领了荷兰在北美的新阿姆斯特丹，并将其重新命名为纽约。1663年，英国得寸进尺，组织"皇家非洲公司"开始进攻荷兰在非洲西岸的殖民地，并于1664年占领，企图从荷兰人手中夺取一本万利的象牙、奴隶和黄金贸易。忍无可忍的荷兰开始采取行动：1664年8月，德·勒伊特率领8艘战舰收复了被英国占领的原荷属西非据点；1665年2月22日，荷兰正式向英国宣战，第二次英荷战争开始了。

在洛斯托夫特海战拉开了第二次英荷战争的大幕之后，由于消耗了双方太多力量，英荷都进入休整期，并于1665年12月，展开第二阶段海上争夺。

1666年6月1日，德·勒伊特率领拥有84艘战舰、4600门大炮和2.2万名官兵的舰队出海。据说这是整个冬季荷兰花费了1100万荷兰盾才得以组建的。蒙克率78艘战舰、4500门火炮、2.1万官兵的英国舰队迎战。

由于战前情报工作出现失误，使英国深信法国舰队前来挑衅，于是派鲁珀特亲王率20艘战舰前去截击。仅给蒙克留下三分之二的力量，作为支援鲁珀特亲王的预备队。意想不到的是蒙克舰队迎头撞上了荷兰的主力舰队，激烈的战斗无可避免，这就是著名的"四日海战"。

第一天，荷兰舰队凭借数量上的优势，不但抢占了上风，更渐渐包围了蒙克舰队，给了处于逆风状态的英国舰队以沉重的打击。但战斗的持续没有使得荷兰舰队保住胜果，战至黄昏，双方各损失了几艘战舰，可以说是平分秋色。英国的"绥夫蒂秀尔"号遭到俘虏，舰队司令贝克利阵亡。英舰"亨利"号重伤，顽战。荷兰的先遣舰队司令艾弗森被流炮击中，阵亡。

第二天，英国舰队首先发难。荷兰后卫舰队想要抢占上风，结果引起阵形混乱。但英国舰队由于数量上屈居劣势，无法抓住战机打击荷方，故双方仍未打破僵持之局。

第三天，英国方面仅剩下30艘战舰拥有战力，蒙克被迫西撤。英国先头舰队旗舰"皇家亲王"号——也是英国参战最大的一艘战列舰，拥有90门火炮——被荷兰舰队包围搁浅，舰队司令阿伊斯秋投降，该舰被荷兰人焚毁。但到这一天，战局又发生了变化：先前被派去截击法国舰队的鲁珀特亲王舰队由于没有找到法国舰队踪影，只好返航与蒙克舰队残部会合。

6月4日清晨，双方展开决战。英国舰队中先头舰队由于航行速度没有掌握好，致使其与主力舰队之间留有空隙，遭荷兰舰队切入。英国舰队后卫被小特罗普迂回包抄。德·勒伊特率主力猛攻入英国舰队中央。英国舰队陷入混乱，但还在坚持抵抗。荷兰方面为了全歼英国舰队，先后投入3万人和6000门炮，可惜没有达到目的。至夜幕降临时分，天降大雾，英国趁机撤出战斗。荷军也因弹药耗尽，加之天气因素，并未予以追击。四日海战就此落幕。英国损失了17艘舰船（包括3艘旗舰），阵亡和被俘官兵达到8000名，其中有2名将军和12名舰长阵亡。荷兰方面仅损失了6艘战舰，伤亡2500名官兵，其中包括3名将领。此役是英荷战争中规模最大的一次海战，也是英国皇家海军历史上少有的几次败仗之一。

德·勒伊特在四日海战之后虽然把泰晤士河封锁了一段时间，但英国凭借强大的工业基础，舰队很快就修复完毕，又出现在了海洋上。7月1日，蒙克率60战舰与小特罗普指挥的约100艘军舰，其中71艘是战列舰，遭遇，双方激战了2天。7月3日，荷兰援兵赶到，蒙克撤出战斗。但到了7月4日，鲁珀特亲王又率一支援军赶到，蒙克遂发动攻击，但为荷兰舰队击退。此役规模不大，英军损失10艘军舰，死伤1700多人，被俘2000余人。荷兰相对损失较轻。

1666年8月4日至5日，德·勒伊特准备率荷兰舰队溯泰晤士河而上进攻英国首都伦敦。英国方面派出90战舰和20艘纵火船迎击。荷兰方面兵力与之相当，约89艘战舰和20艘纵火船，然而这次是列阵作战，故在前几次混战中英国方面难以发挥的射击的准确和射程的远的优势，在这次战斗中得以体现。此战打响不久，荷兰先头舰队中的7名将军已经折损了3名，先头舰队溃逃。而小特罗普突然驶出战列线堵截英后卫，并对其穷追不舍，使得德·勒伊特指挥的中央舰队遭到英国前卫舰队和主力舰队的围攻。德·勒伊特采取机动战术，边打边撤。

8月5日清晨，小特罗普依然杳无踪影，德·勒伊特只能用8艘军舰掩护沿荷兰海岸浅滩赶上来的掉队船只。后小特罗普幸喜借助浅水海域掩护才未被切断退路，安全返回本国。此役英军大获全胜，在仅损失1艘战舰和2至3艘纵火船，伤亡不到300人的情况下（包括5名舰长），造成荷兰20艘战舰的损失，伤亡7000人，4位将领阵亡。这场战役也被称作"圣詹姆斯日之战"。

荷兰海军虽然在圣詹姆斯日战役中失利，但舰队主力依旧健在，并未受到致命的打击。德·勒伊特通过这场在英国本土附近作战的实践，认识到了夜间偷袭的可能性，并利用间谍获取了泰晤士河的潮汐、水位、航线等情况以及伦敦地区的军事河经济情报，还对水兵进行了夜间战斗的训练。他精心制定了一项大胆罕见的作战计划：先将舰队在特塞尔岛外紧急集合待命，然后觅机偷偷驶入泰晤士河口，沿梅德韦河溯流而上，直达英国舰队的战舰船坞查塔姆，然后将英国战舰击沉或焚毁。这项计划的大胆之处在于：舰队航行沿途有英国的各种防御设施；而且，泰晤士河口和梅德韦河就多沙洲浅滩，只有在涨潮且顺风才能通过，如果错过潮位或是风向不顺、风力不够，军舰就有可能搁浅；最危险的地方是，英国海军的全部战舰未必都因是去战斗力而进港。而且，英军在梅德韦河口和查塔姆之间，设有一根长达800码（1码等于3英尺，合0.9144米）、重14.5吨的横江铁链。任何人也未承想到，荷兰舰队竟敢深入敌腹，将战火引至大英帝国的家门口。在诸多不确定因素下，计划可谓大胆之极。都说战争是一场豪赌，那么胜利女神大概常常会去眷顾那些敢于在关键时刻掷下巨注的人物，于是，世界海战史上的奇迹出现了。

1667年6月19日，德·勒伊特率领24艘战列舰、20艘小型船、15艘纵火船组成的荷兰舰队航行到泰晤士河口。趁黑夜涨潮时，先遣舰队顺潮流溯入泰晤士河，一路炮击，很快占领了英国希尔内斯炮台，夺取了贮存在此地的四五吨黄金以及大量木材、树脂等物质。荷兰舰队横冲直撞，寻找并击毁发现的英国舰船，一些最好的军舰被俘虏准备作为战利品带回本土。荷兰舰队甚至还炮轰伦敦。

22日，荷兰舰队长驱直入到达查塔姆船坞。据说当时英国在此停泊了18艘巨舰，每舰都在1000吨以上，荷兰舰队进入后打哑了岸上的炮台，登陆部队以及纵火船人员拆除或毁掉了河上障碍，很快英国就损失了6艘巨舰。其中，蒙克的旗舰"皇家查理"号被荷兰人带回国内。英国人自然不耻这样的奇袭，英军的一位目击者写道："这些威武雄壮、战绩辉煌的战舰的毁灭,是我生平所看见的事情中最令人心痛的。每一个真正的英国人见了都会伤心泣血的。"荷兰舰队横行了3天,最后全部安全返航。之后,德·勒伊特封锁泰晤士河口长达数月。

这次奇袭给英国造成了近20万镑的损失,更使皇家海军蒙受奇耻大辱。英国遭此大败,加之瘟疫和伦敦大火两重灾难,已无力再战。奇袭加速了英荷两国的谈判进程。

1667年7月31日,两国签订了《布雷达和约》,根据和约英国放宽了《航海条例》,放弃了在荷属东印度群岛方面的权益,并归还了在战争期间抢占的荷属南美洲的苏里南;荷兰正式割让哈得逊流域和新阿姆斯特丹,并承认西印度群岛为英国的势力范围。这个和约实际上意味着英荷两国在殖民角逐中划分了势力范围。第二次英荷海战随之落下帷幕。

第三次英荷战争

第三次英荷战争是荷法战争的组成部分，是英荷争夺制海权的最后阶段。战争把欧洲的许多国家卷入其中。

由于，荷兰是法国在欧洲建立霸权的主要障碍，法国国王路易十四早就图谋瓜分荷兰，并将现今属于比利时的荷兰领土作为法国的天然边界，从而巩固法国大陆霸权的地位。于是，在法王路易十四的贿赂下，英王查理二世同意了共抗荷兰的提议。

1670年6月，两国签订了《多佛密约》。该条约规定：查理二世有在英国恢复天主教，并与法国共同对荷兰作战的义务；路易十四有出兵镇压英国可能发生的"骚乱"的义务。1672年，法国对荷兰宣战，英国退出了与荷兰、瑞典组成的三国同盟，援助法国对荷作战。

1672年3月，英国在没有宣战的情况下对荷兰商船队发动的袭击。英国海军拥有12艘战列舰以及6艘小型战舰，荷兰仅有5艘战舰为72艘商船护航。荷兰舰队司令哈恩坚决与优势英国舰队周旋，终于抵挡住了英国舰队的攻击。在被击沉1艘、被俘虏3艘商船的情况下，大多数荷兰商船还是安全抵达了目的地。第三次英荷战争正式爆发。

作为同盟的法军从陆地、英军从海上两方面向荷兰发起了进攻。法国陆军在孔代和蒂雷纳等名将的指挥下充分显现了欧洲第一流陆军的实力,进攻荷兰势如破竹。正如人们通常所认为的那样,荷兰陆军不过是象征性的点缀,无论在作战经验、武器装备或是战斗实力方面都远不是法国陆军的对手。荷兰的格尔德兰、奥弗赖塞尔和乌得勒支等省相继沦陷,即使是深孚众望得威廉将军亦是无法抵挡路易十四骑兵的冲击。法军连连得胜,突破了埃塞尔河防线,直逼荷兰首都阿姆斯特丹。

无奈之中,刚出任荷兰国家元首的威廉·奥兰治忍痛下令掘开保护荷兰人世世代代休养生息的穆伊登堤坝。堤坝即开,汹涌的海水立时涌入了良田沃野,须德海和莱茵河之间成了一片汪洋大海,成千上万的荷兰人也被迫转移到了船只上,准备随时撤离。法国先头部队后撤及时,免了遭受灭顶之灾,陆上进攻却也就此告了一个段落。如此一来,荷兰捍卫国家独立的重任就落到了海军的身上。

6月7日,65岁的德·勒伊特指挥荷兰舰队——大约130艘战舰,其中大型战舰为61艘,4500门炮和2.1万名水兵——偷袭停泊在英国东南部索尔湾的英法联合舰队。当时,港内泊有联合舰队的各类船只大约150多艘,其中有45艘英国战舰和26艘法国战舰,其余多为小型船只、运输船只或是后勤补给船只等,估计有5100门火炮以及3.3万人。

荷兰舰队抢得先机，不但事先在港外布置了封锁线，更在战初利用涨潮放出纵火船，造成联合舰队陷入混乱。在荷兰舰队的炮击之下，英国舰队指挥官约克公爵凭借其出色的军事手腕，很快控制住了形势。英舰在一时的混乱之后，迅速编成队形出港迎战。而法国舰队则不愿意消耗己身的实力，只居片隅远射作势，观英荷双方近距离炮战虎斗。战略十分激烈，自中午至暮后。英国损失了4艘战舰、2500多人；荷兰则损失了2艘战舰、2000多人。据说英国后卫舰队指挥官桑德威治与荷兰后卫指挥官范根特中将均在战斗伊始即告阵亡，但总体来说，此役就战术层面而言，双方各无重大建树。

然而，这次海战所带来的战略意义却是不容忽视的。荷兰先发制人的进攻不但粉碎了英国对荷兰本土入侵的计划，也使得普鲁士打算从陆地侵入荷兰的企图落空。

此役之后，荷兰舰队依旧贯彻自己先前的战略思想、战术方针。而英法方面则蠢蠢欲动：1672年7月，英法联军因为陆上作战不利，遂打算利用联合舰队运送了一支强大的登陆部队企图强行登陆荷兰西北部的战略要冲特塞尔岛，以便建立前沿基地，进攻荷兰本土。但由于有德·勒伊特舰队的侧翼牵制，计划宣告破产。

1672年8月，威廉三世在此存亡之秋，担任了荷兰国家元首。他积极展开外交活动，终于在1673年的春天争取到了奥地利和西班牙的支持。但几乎同一时间，普鲁士则同法国签订了盟约。战争的规模进一步扩大。

1673年6月7日，英法舰队再次集结了舰队输送陆军，打算登陆荷兰本土。德·勒伊特率由89艘军舰，其中有52艘战列舰组成的荷兰舰队迎战。英法联军大致拥有127艘各类船只，其中包括54艘英国战列舰和27艘法国战列舰。英法联军数量占优，但登陆计划未能立时实现。双方在各自损失了一些小型船只之后，撤离战场。

7天之后，双方舰队又一次展开交锋。德·勒伊特趁风向突变，荷兰舰队占了上风的机会，杀入联军阵内，迫使英法舰队仓皇撤退，英法联军在此前制定的登陆计划宣告破产。

1673年8月，英法舰队又一次纠集势力，企图登陆特塞尔岛。约莫2万陆军集结在英国，第一梯队1万人登舰，在鲁珀特亲王的率领下驶往荷兰。这一次联合舰队准备充分，不但坐拥120艘舰船（其中主力舰90艘、纵火船30艘），将联合舰队分编为三个分队：鲁珀特亲王指挥之下的中央分舰队；德埃斯特雷指挥之下的法国先头舰队；斯普拉格指挥之下的后卫分舰队，仔细研究了德·勒伊特的战术，并制定了相应的对策。

荷兰舰队事先得报，德·勒伊特亦将麾下舰队分编为三个分队：他本人指挥之下的中央分舰队；班克特指挥之下的先驱舰队；小特罗普指挥之下的后卫分舰队。但荷兰方面仅拥有75艘主力舰和30纵火船，实力对比上明显弱于英法联合舰队。

21日夜间，德·勒伊特指挥舰队利用风向成功插入敌方舰队与海岸之间的缝隙。拂晓时分，主动向英法联军发动进攻。于是双方三个分舰队非常有趣地捉对厮杀，皆是一面南移一面相互用炮火应酬。尽管英法联军兵力占了优势，可是，荷兰水兵士气高昂，双方战斗可谓空前激烈。

德·勒伊特与英将拉帕尔3次更换旗舰，仍英勇作战。但首先打破僵局的却是双方的前卫分队：法国分舰队的水兵训练很差，作战消极，而且有一旦部分军舰受创后便忙于修理，不再参加战斗的陋习。指挥官德埃斯特雷本意图以数量上的优势包围班克特分队。结果，班克特突破了舰队的战列线，使得法国分舰队全面陷入了混乱。或许是考虑到为了保存实力，法国分舰队就此退出了战斗。于是，班克特在留下部分船只监视法国人的情况下，率领余下战力前往援助德·勒伊特率领的中央分舰队。原本，英国的鲁珀特亲王打算将适于浅海作战的荷兰舰队向西引向深海，但此时，后卫舰队交战的激烈程度引起了双方中央分舰队的注意：英国分舰队指挥官斯普拉格在两次转换旗舰之后殉职。鲁珀特亲王与德·勒伊特双双率领麾下分舰队赶来支援己方的后卫舰队，而班克特指挥的荷兰前卫舰队也加入了战斗。这场海战一直持续到了晚上7点，夜幕降临之后英方认为登陆作战无望，遂退出了战斗。此役双方都未有战舰被击沉，但严重受创的船只不计其数。英法联军损失了2000多人，荷兰方面伤亡了1000多人。此役后，荷兰暂时消除了海上威胁，取得了制海权，大批东印度公司护航船安全返回。

这场发生在特塞尔的海战结束了荷兰和英国之间一系列旷日持久的战争，由于法国的日益强大，使得英国资产阶级对政府参加法荷战争颇为不满。在议会削减军费后，英国海军再也无力封锁荷兰。于是，英国国会通过了与荷兰缔结和约的决议。

　　1674年2月，英荷双方签订了《威斯敏斯特和约》，恢复了战前状态。和约规定1667年两国签订的《布雷达条约》条约继续有效，承认英国在欧洲以外夺取的原荷兰领地的所有权，英国则保证荷法战争的中立。在此之后，荷法战争依然持续。同年4月，德·勒伊特在一次交战中身负重伤逝世。第三次英荷战争落下大幕。

桑特海峡战役

1607年，英国人来到北美洲大西洋沿岸，开始建立第一个殖民地弗吉尼亚。经过不断殖民拓荒，到18世纪30年代，英国人已在北美大西洋沿岸建立了13个殖民地。在此期间大批移民移居北美，其中，大多数是英国人，也有不少来自欧洲其他国家。此外，还有不少从非洲贩卖来的黑奴。

当时，英属北美殖民地的资本主义经济发展较快，成为经济发展主流。同时，也存在着许多落后的经济成分。殖民地的统治模式是依照英国政体建立的，每个殖民地都有自己的总督和议会。总督代表英国对殖民地进行统治，拥有行政、经济和军事大权，可以否决议会通过的法案。

经过一个世纪的发展，英属北美各殖民地的经济来往日益密切，初步形成了统一的国内市场。同时，在长期的交流、融合过程中，英语成为来自各殖民地的共同语言，逐渐产生了共同的文化。在此基础上，美利坚民族开始形成。民族意识逐渐觉醒。

18世纪上半叶，启蒙思想在英属北美殖民地得到传播，涌现出一些杰出的思想家，如富兰克林和杰斐逊。英属北美殖民地的民族和民主意识日趋增强。

18世纪中叶，英属北美殖民地的经济发展迅速，北部工商业发达，中部盛产小麦，南部种植园经济繁荣。北美生产的很多产品甚至能在国际市场上与英国产品一争高低。

在1756—1763年的"七年战争"中，为争夺对北美殖民地的控制，英国与法国进行了长期的战争。英国虽然打败了法国，控制了北美大部分地区，可是，长期战争导致了财政困难。于是，英国政府不断地要求北美各个殖民地增加税收，实行高压政策，将北美作为原料产地和商品市场，竭力压制殖民地经济发展，并从殖民地搜刮财富。殖民地人民不满英国的盘剥和束缚，双方矛盾日益尖锐，导致战争爆发。

1775年，独立战争爆发，13个州的民兵联合进攻加拿大遭到失败。

1776年，英国增兵北美，华盛顿率军1.8万人防卫纽约，被英军击溃，被迫撤退到特拉华河时，华盛顿身边只剩下4000余人，法国和西班牙看到有利可图，便开始向美国提供财政援助。

1777年，英军占领大陆会议所在地费城，华盛顿试图夺回费城，结果部队在浓雾中自相开火，反攻失败；随后，在这一年里，美军成功击溃前往内地扫荡的一支英军，获得萨拉托加战役的胜利。这也成为独立战争的转折点。

1778年，法国承认美国独立，签订法美同盟条约，条约规定"法国保证美国的独立及其在同英国的战争结束时确定下来的领土"。随后，法国对英国宣战，法英海军发生多次海战；英国政府得知法国舰队出动奔赴北美的消息后，命令费城英军退到纽约，美军这才得以收复费城。而在于法国海军的较量中，英国占领西印度群岛和印度的几个据点；这一年底，英军攻占佐治亚州重要城市萨凡纳，华盛顿的大陆军损失5000余人。

1779年，法国占领塞内加尔的圣路易斯和西印度群岛的几个岛屿；法国和西班牙组成人型联合舰队准备进攻英国本土，英国主力集中防守本土；法英多次发生海战；法美联合攻击萨凡纳失败。

1780年，英军攻占南卡罗来纳重要城市查尔斯顿；英法在西印度群岛多次发生海战；7月，罗尚博率领的法国特别远征军在纽波特登陆。

1781年，法国对通往英国本土的泽西岛发动袭击失败，迫使法国改变战略，法国格拉塞舰队来到北美，与英国海军展开多次战斗，短时间内获得了切萨皮克湾的绝对制海权。之后，法美联军在格拉塞舰队的策应下迫使约克敦守军投降，北美大陆的大规模战斗自此结束；西班牙与法国联军占领佛罗里达的彭沙科拉城，法英海军在西印度群岛、佛得角海域多次爆发战斗。英法在北美海域内的交战呈胶着态势。

在这样的背景下，1782年4月9—12日，决定北美海上战局的桑特海峡战役爆发。提到这场战役就必须要提及英国皇家海军指挥官乔治·罗德尼司令。

英国皇家海军上将乔治·罗德尼,是第一代罗德尼男爵,1719年2月13日,生于英格兰萨里郡泰晤士河畔,是亨利·罗德尼的次子。亨利·罗德尼早年加入英国陆军,曾在西班牙服役。

乔治·罗德尼早年入读哈罗公学,在学期间志愿入伍。在地中海服役期间,他在"海豚"号上当值,于1739年2月15日,取得上尉军阶。1742年,罗德尼擢升为初级舰长,并于同年11月9日,被派往"普里茅斯"号服役。

1747年10月14日,由于在对抗法军的海战中表现出色,获授军勋,自此开始书写其辉煌的战绩。

在1749年5月9日,罗德尼获委任为纽芬兰总督兼总司令,同时还获授海军准将军阶。罗德尼作为一位海军军官,之所以获委任总督,主要是因为这可保障当地的渔业利益。

在1751年,他当选为索尔塔什的下议院议员,后又于1753年迎娶了第一任妻子。

在七年战争期间,罗德尼屡获委以重任。1757年,指挥战舰"都柏林"号,参与攻击罗什福尔的长征,第二年,又以同一艘战舰,成功占领路易斯堡。

1759年5月19日,罗德尼晋升为海军少将,随即被指派统率一队小型分遣舰队,前往法国海边城镇勒阿弗尔,阻止在当地集结的法军军舰向英格兰进发。罗德尼的舰队连续两日向勒阿弗尔进行轰击，使敌军损失严重，并成功完成既定作战任务。

1760年，他又率领另一支小型分遣舰队，成功掳获敌军军舰，而且，还成功封锁迪耶普一带的口岸。罗德尼在1761年10月出任背风群岛总司令，其后在1762年以不出3个月的时间攻陷马提尼克。此外，在攻击皇家堡的战役中，罗德尼的军队在登岸后，有着极为出色的表现。

1763年，英法间的战争结束，罗德尼返回国家，由于他战绩彪炳，深受国人欢迎，在回国前获授准将军衔，返回国内更是获得英国上、下两院致谢。

1782年4月9日，罗德尼追截法国军舰，在桑特海峡与法国海军展开决战。当时，罗德尼拥有36艘战列舰，法军统帅格拉塞有33艘战列舰，法军采取避战策略，双方展开追逐战。

当罗德尼得知格拉塞要护送一支进攻英国领地牙买加部队时，他不顾后防，全力追击格拉塞。逃避战斗的法国舰队被追击到诸圣群岛时，挡住了去路，只好回头迎战追兵。

战斗伊始同寻常一样，双方各自排列纵队，互相平行，以4—5节的速度相向行驶。格拉塞的炮手发射链弹、棒弹，打断英舰的帆缆。此时，英军尚未筹备好集中击毁敌舰的火力。双方的舰队就擦肩而过。就在此时，风向发生变化，东风转东南风，法舰纵队被风力从中间吹开。

片刻之后，罗德尼决定旗舰立即右转舵，横切入法国舰队，并同时向被切断的法舰队后部军舰猛烈开火，一艘法舰立即丧失战斗力。可是，望见仍挂着"一路纵队"旗号的旗舰，罗德尼的其他舰长们不知如何是好，慌乱之中也跟着穿插过来，与敌舰平行同向前进。可就在穿插时，英国舰队自己也有被切断的忧虑。这时，罗德尼接受以往战斗的教训，立即降下了"一路纵队"的旗号，高高升起"接敌近战"的信号。

于是，英舰纷纷各自为战，围住近身的法舰展开围攻，以4对3或3对1的优势攻击法舰队。而这时，法舰的左舷恰好是没有准备作战的"不设防"区。从上午9时切断法国纵队开始，直到傍晚，共有5艘法舰投降，法国的旗舰也成为英军的战利品，格拉塞被俘。

罗德尼的喜讯传到英国，震动朝野，全民欢呼，因为这是自七年战争以来，皇家海军对法军取得的最辉煌的海战胜利。

一位从未参加过海战的业余海军战术研究爱好者约翰·克拉克，依据平时的思考，特别是根据以往海战的战例，研究出一套新的海战战术，他认为：一路纵队队形的一个最严重的缺点，就是其作战成功有赖于敌方的配合，也就是说，敌方也必须以此队形战斗。可是，自从英国确立霸权地位之后，法国舰队除了在兵力占绝对优势的情况之外，一般都采用新的打完就跑的游击战术，所以，克拉克断定，传统的一路纵队战术定会失去作用。克拉克认为，法舰之所以能逃走，完全是"一路纵队"编队时间过长导致战机被贻误。于是，他写了《论海军战术》，阐述自己的观点。书中展示了各种战术要图和海图，论述的主要问题是"集中舰队的大部分火力，重点攻击前卫或后卫中的小量敌舰"。这条原则的根据是帆船舰队的一个根本事实：风向和风速决定着战舰的机动能力。若集中火力攻击敌后卫一部分军舰，待其前卫和中军转头来支援时，战局已无法挽回。

罗德尼从朋友那里得到一本克拉克的《论海军战术》手抄本，他仔细研究了克拉克的理论。并且运用到实战中，从而在桑特海峡一战中开创了海战史的新纪元。英国海军沿用了一个世纪的"一路纵队"线式战术，被"突破敌舰纵队"的新战术代替。

罗德尼的这一功绩有一部分是他的旗舰舰长查尔斯·道格拉斯创造的。他在战前曾与克拉克探讨过新战术问题，也正是他，说服了罗德尼采用克拉克的战术。此外，他还是位军械革新家。他采用法兰绒药包代替丝绸药包。绒布比丝绸易燃，故不会在炮膛内留下未烬的残渣及烟垢，也就免去了清洁之劳，从而提高了射击速度。道格拉斯的另一项改革是将火药与炮弹之间的弹塞浸湿，以减少弹塞燃烧的可能性，也就避免了烟垢。他还有一项改革：在一根空心鹅毛管内装上火药，再将鹅毛管插入火炮的火门，这要比用角制火药筒向火门倒药的方法更迅速一些。在诸圣岛战役之前，炮手们就准备了足够的火药鹅毛管，此役果然派上用场。为提高火炮射速，他设计了一套弹簧铅锤装置，用来减小炮的后坐力，使火炮能更快地退回发射位置。他还设计制造了一套复合滑车装置，在炮身下装了一块楔形木座，用来调整炮口的高低，使炮手能更准确、更灵活地瞄准，扩大了射击角度。这种改装的炮可向左右水平移动45度，当敌舰接近，但尚未到射击位置时，就可连发三弹，在敌舰驶离时，同样可连发3发炮弹，这种密集炮火威力巨大。为罗德尼获得荣誉的英舰上还有一种新式武器——卡伦短炮。这是一种巨型短炮，因由苏格兰的卡伦铁工厂制造而得名。它被装在轨道上，比一般轮式舰炮摩擦力大，因而减少了火炮后坐力。它的火药包有5.5磅，可发射68磅重的巨型炮弹，它在近距离射击时，会展现出极大的杀伤力。

　　罗德尼凭借桑特海峡战役为自己获得荣誉，也改革了英国皇家海军的装备和战法。为此，皇家海军先后至少为5艘战舰命名为"罗德尼"号。

特拉法尔加海战

特拉法加海战是英国海军战史中最辉煌的胜利，英法此战中的指挥者是具有传奇色彩的英国海军司令纳尔逊和拿破仑。

1805年10月21日，双方舰队在西班牙特拉法加角外海面决战，战斗持续5小时，由于，英军指挥、战术及训练都更胜一筹，法西联合舰队遭受沉重打击，主帅维尔纳夫被俘，21艘战舰被俘。英军主帅霍雷肖·纳尔逊海军上将也在战斗中阵亡。此役之后，法国海军精锐尽丧，从此法国海军一蹶不振，拿破仑被迫放弃进攻英国本土的计划。英国海上霸主的地位得到进一步巩固。

1793年1月，法兰西第一共和国将法王路易十六处死，英国以此为由驱逐法国驻英大使。同年2月，法国对英宣战，英国则联合奥地利、普鲁士、那不勒斯和撒丁王国组成反法联盟，双方在陆地和海洋上展开激战。战争中，法国在欧洲大陆赢得了一系列的陆战胜利，但是，法国海军由于大革命中驱逐大量旧贵族军官，因此，实力被严重削弱，几次和英国海军的较量均告失利。

1799年11月9日，拿破仑发动军事政变，解散无能的督政府，成立执政府，拿破仑任第一执政官，独自掌握法国的军政大权。拿破仑执掌法国政权后，1800年6月，法军战胜奥地利，俄国、土耳其等国家与法国缔结和约，反法联盟彻底解体。英国为了重新组织反法联盟，法国为赢得时间重建海军，双方签订以暂时休战为目的的《亚眠和约》。拿破仑利用战争的间隙，重建法兰西殖民帝国。英国针锋相对，拒绝从马耳他撤军。

1803年，拿破仑统治的法国与英国为首的反法联盟再次爆发战争，拿破仑计划进军英国本土，为牵制住强大的英国海军，拿破仑派海军中将维尔纳夫率领的法国和西班牙联合舰队与英国海军周旋。

英国海军部长圣·芬森特立即命令封锁主要的法国海军港口。纳尔逊负责地中海方面的指挥；凯兹勋爵监视北海和多佛尔海峡；康华里思封锁布勒斯特。

为了赶在欧洲大陆国家联合向法国进攻之前战胜英国，拿破仑开始筹划上台以来最紧张、规模最大的对英战争准备。他在法国西部海岸布伦港建立了庞大的军营，几万工人集中在那里，夜以继日地建造新军舰、运输船、驳船以及横渡英吉利海峡所需的一切。这里还集结着准备在英国登陆的几万大军，拿破仑自信地认为："只要有三天下雾，我就可以成为伦敦、英国议会和英格兰银行的主人。"到1805年，法国已有战列舰103艘、巡洋舰55艘。

1804年12月2日，拿破仑加冕称帝，建立法兰西帝国。英国以英镑开路，联络奥地利和俄国，筹划组织第三次反法联盟。荷兰和西班牙则站在法国一边，并将自己的海军交给拿破仑指挥。这加强了拿破仑的海军兵力和信心。但是，由于英国海军强有力的封锁，三国舰队分别被困守在各自的港口，无法发挥效力。为了扭转不利的战略态势，拿破仑制定了调虎离山的计划，让驻守土伦的舰队在维尔纳夫的率领下突破封锁，前往西印度群岛。同时，由米西赛指挥的罗什福尔分舰队突破英军封锁，前往西印度群岛。两支舰队在马提尼克会合。然后，在对这一带的英国殖民地进行骚扰，诱使英军派兵救援以便减轻被封锁的法国和西班牙舰队的压力。一旦英国上钩，他们的舰队要立即返航驶往英吉利海峡，为渡海登陆作战扫清道路。

双方海军的航迹在直布罗陀海峡纠缠了几个月。

1805年10月20日凌晨，纳尔逊在直布罗陀海峡附近游弋。上午7时，英军发现维尔纳夫的舰队正向直布罗陀海峡前进。在日落之前，纳尔逊命令他的巡洋舰在夜间应与敌人始终保持着视线可及的接触。

10月21日拂晓，当法西联合舰队驶抵特拉法尔加海域，距英舰队只有12里，纳尔逊下达"成两个纵队前进""备战"的命令。

19世纪规模最大的海战——特拉法尔加海战开始。

海面上，法西联合舰队有战列舰33艘，其中，"三叉戟"号拥有四层甲板，是当时最大的战列舰；3艘三层甲板战列舰；

其余29艘为双层甲板战列舰。另外，还有7艘巡洋舰。战列舰中有18艘为法国的，15艘为西班牙的。所装有"侧舷"火炮2626门，载员21580人。

英国舰队原来共有战列舰33艘，其中的6艘在战前奉命去护卫一支驶向马耳他的运输船队。余下的27艘战列舰中，7艘是三层甲板战列舰，其余20艘为两层甲板战列舰。另有4艘巡洋舰和2艘辅助船。共有"侧舷"火炮2148门，官兵16820人。

维尔纳夫在上午8时发出命令，舰队全体转向，使加的斯港可以处于下风位置，以便被击毁的船只拥有避难港口。这个在最后一分钟又改变计划的行动，实在是十分的不幸，因为这不仅好像退却一样，足以影响到部队的士气，而且这样调一个头，需要2个多钟点的时间，结果所组成的战线凌乱不堪。

当联合舰队正在调换方向之际，英国舰队分为两个纵队，在满帆之下赶了过来。上风的纵队由纳尔逊指挥，下风的则由柯林伍德指挥。由于担心维尔纳夫逃回加的斯港，纳尔逊不照原计划，不以敌方中央前段为目标，而改向其前卫的中央冲去。柯林伍德则向敌人后卫部分前段进攻。纳尔逊又发出了其著名的通令："英格兰要求每人恪尽职守！"

上午11点30分，柯林伍德已经接近法西联合舰队的后段，维尔纳夫发出"开火！"的命令。11时45分，法舰"弗高克斯"号射出了第一炮，这是以柯林伍德的旗舰"王权"号为目标的，这时双方相隔尚在四分之一哩以外。此时，双方好像是一致行动一样，都升起他们的国旗。在英、法、西三国的船上，鼓乐齐鸣，士兵举枪敬礼。

于是，会战展开。特拉法尔加大海战分为三个阶段：柯林伍德的攻击，纳尔逊的攻击和法将杜马罗尔反攻失败。

当"弗高克斯"号向"王权"号开炮时，"王权"号仍继续保持航向不变，切进了法舰"弗高克斯"号和西班牙舰"圣安拉"号之间。"王权"号用左舷炮轰击"圣安拉"号的船尾，使之遭受重创。接着又对着"弗高克斯"号发射右舷的火炮，此后又驶近"圣安拉"号的右后段，再向它射击。柯林伍德不久发现他周围都是敌船，经过40分钟的猛烈轰击之后，"王权"号已变成了一个无法控制的空船壳，不久就由英巡洋舰"欧亚拉斯"号拖曳着行驶了。

14时20分，西班牙舰"圣安拉"号已经完全丧失了战斗力，乘员死者104人，伤236人，开始下旗投降。于是，布莱克伍德上校跃过船去，把重伤垂危的阿尔发海军少校运过"欧亚拉斯"号上面来。

在"王权"号出战8分钟后，英舰"贝里岛"号也从"弗高克斯"号的后面切入敌线。也和"王权"号一样，它立即为几艘敌舰所包围。"贝里岛"号主桅被炸断，有段时间连一炮都发射不出来。虽然如此，它却把军旗钉到后桅杆上，继续不屈地奋战。以后才被3艘英舰救出。

在"贝里岛"号攻击之后一刻钟，"火星"号也投入了战斗。此后每艘英国军舰都是以这种方式分别地切入敌线，向首尾两端的敌舰用两侧的舷炮猛击，使每艘敌舰都受到了连续的集中火力。等到柯林伍德的最后一艘战列舰"亲王"号投入攻击时，已经是15时。到战斗结束时，与柯林伍德交战的共有15艘法西两国军舰，其中10艘被俘，1艘被击沉。逃走的只有4艘，其中有1艘为西班牙旗舰"奥国王子"号，上面载着垂死的西班牙海军将领格拉维拉。

在柯林伍德纵队开始作战25分钟后，纳尔逊纵队也投入战斗。与前者不同，它始终保持着不规则的鱼贯形队形。纳尔逊亲乘旗舰"胜利"号，率"提米莱尔"号、"海王星"号3艘三层甲板战列舰向联合舰队的前卫中央挺进。

0时24分，"胜利"号的左舷炮开始射击。交火不久，"胜利"号和"提米莱尔"号即开始向右旋转，纳尔逊是在寻维尔纳夫的旗舰。虽然"胜利"号上的一切望远镜都在搜寻之中，想发现维尔纳夫的司令旗，但结果还是一无所获。于是，"胜利"号遂趋前攻击"三叉戟"号，假定维尔纳夫可能是在这艘最大的四层甲板军舰上。当"胜利"号向"三叉戟"号前进时，即发现在该舰后方有一艘法国两层甲板战舰的前桅上，挂着总司令的将旗，它就是"布森陶尔"号。"胜利"号冒着敌火，不久即钻到了"布森陶尔"号的后方，用其船头上的短炮（68磅）和侧舷的火炮，向"布森陶尔"号的舷窗中猛射，使它受到了极大的损毁。当英舰"海王星"号和"征服者"号接近了"布森陶尔"号之后,"胜利"号遂向右一转,与法舰"敬畏"号平靠着。

"胜利"号和"敬畏"号立即纠缠在一起,双方乘员都准备跃上对方甲板,但是法国人的企图为英方的火力所制止,伤亡颇多。差不多又过了一个小时,两舰还是绞在一起,当纳尔逊正在后甲板上与舰长哈迪一同行走时,从"敬畏"号船桅上射来一颗枪弹,子弹打在他左肩的肩章上,透入了其胸部,落在他的脊椎骨上。他扑倒在甲板上,但他爬起来之后就说:"他们终于把我解决了。"他随即被侍从抬入船舱,

16时30分,纳尔逊得知会战已胜利的消息后说:"我感到满意。"他亲吻了哈迪舰长:"感谢上帝,我总算尽了我的职责。"然后,纳尔逊的心脏停止了跳动。

当"胜利"号正在与"敬畏"号交战时,英舰"提米莱尔"号驶向前去,向"三叉戟"号开炮,接着又向"敬畏"号射击。不久以后,法舰"弗高克斯"号在同英舰"贝里岛"号交战之后,又转过来协助"敬畏"号,却为英舰"提米莱尔"号所抓住厮杀。

英舰"海王星"号先开始向法舰"布森陶尔"号射击,然后再去进攻"三叉戟"号,一个半小时后,"三叉戟"号乘员战死245人,负伤173人,这艘巨型的四层甲板战舰遂开始下旗投降了。对于在这艘船上的景象,英舰"海王星"号上的船员巴德柯克说:"我踏上这艘大船去收容俘虏,其死伤人数在

三四百之间，到处都是血肉，后甲板上堆满伤兵，有的没有脚，有的没有手。"

英舰"不列颠"号接着也跟上来了，其后面是"巨人"号和"征服者"号。后述两舰夹击"布森陶尔"号，14时5分，维尔纳夫终于坚持不住，下令"布森陶尔"号降旗投降，维尔纳夫成了英国人的俘虏。在其舰上的惨状，"征服者"号上的英军上尉记载："到处都是死尸，景象非常之凄惨。死伤总数在400人以上，多数尸体没有脑袋。"

在"胜利"号开始作战40分钟后，英舰"阿贾克斯"号才开始作战，而"阿加门农"号还要更迟。"非洲"号、"奥利安"号在与舰队失去联络后，也都相继赶到参战。当维尔纳夫降旗投降时，纳尔逊纵队中的最后2艘船，"米罗陶尔"号和"斯巴尔特"都还不曾参加战斗。

阿索斯海战

1807年7月1日，俄国舰队第二次远征希腊群岛。俄国舰队同土耳其舰队在爱琴海上阿索斯半岛附近进行了一场海战。这场战役最终形成了俄海军的作战战法，标志着俄海军的崛起。

土耳其舰队包括有战列舰10艘、巡航舰5艘、轻巡航舰3艘、辅助船2艘，火炮共1196门，在赛义德·阿里指挥下，于6月22日，驶出达达尼尔海峡，企图占领特内多斯岛——俄国舰队用以封锁达达尼尔海峡的主要海军基地。

俄国舰队司令谢尼亚文海军中将率领战列舰10艘、巡航舰1艘、辅助船1艘及一支希腊的小型武装船队，企图以佯动诱使土耳其舰队驶出达达尼尔海峡，然后，断其退回海峡的后路。

6月27日，当俄国舰队驶至伊姆罗兹岛附近海域时，土耳其分舰队正驶近特内多斯岛并炮轰要塞。次日，土耳其从安纳托利亚高原沿岸调来登陆兵7000人登上该岛，开始围攻要塞。

6月29日，俄国舰队驶向特内多斯岛。土耳其舰队发现俄国舰队向该岛接近后，立即撤到海上。谢尼亚文中将直到7月1日才在靠近阿索斯半岛的利姆诺斯岛附近海域发现土耳其分舰队。当天即发生海战。土耳其舰队有火炮1196门,而俄国舰队只有火炮754门,在火炮的数量上土耳其舰队占优势。此外,土耳其军舰的航速也较快。俄国舰队司令在制定作战计划时考虑了这些情况。

谢尼亚文将军计划占领上风位置,首先攻击敌3艘旗舰。对每一艘旗舰都用2艘俄国军舰从一舷进行突击,从而使俄方在炮火上占巨大优势。俄国其他军舰的任务是,支援对敌旗舰发起攻击的俄舰,阻止土耳其舰队兵力支援旗舰。之所以采取这种打法是考虑到土耳其海军人员的心理特点:只要旗舰不在,就不再顽强战斗。

当天早晨,三个战术群按照谢尼亚文的信号向土耳其旗舰接近,到能发射霰弹的射距时展开激烈战斗。另外,两个战术群在谢尼亚文的指挥下包围了土耳其舰队前卫的先头舰只,并进行攻击。

12时左右,土耳其舰队的后卫企图支援旗舰,但遭到俄国军舰的攻击,支援企图未能成功。

下午,土耳其军舰开始溃逃。俄国军舰在追击中俘获已受重创的旗舰。护送该舰的1艘战列舰和1艘巡航舰由土耳其舰员自己放火烧毁。另有几艘土耳其军舰在向达达尼尔海峡撤退时受到重创。阿索斯一战,敌人共损失战列舰3艘、巡航舰4艘、轻巡航舰1艘。俄国军舰无一损失。

俄海军中将谢尼亚文继承了俄国海军统帅乌沙科夫海军上

将的传统，集中分舰队的兵力攻击敌方旗舰，并以新的作战方法丰富了俄国海军。他把军舰组成几个协同行动的战术群攻击敌之单纵队，从而降低接敌过程中敌人的射击效果，并在最短时间内占领实施炮火突击的有利位置。第二，他集中优势兵力突击敌分舰队中央的旗舰，同时包围敌分舰队的前卫。第三，他以两舰从一舷攻击敌之一舰。第四，钳制敌人的后卫兵力。俄国舰队由于在阿索斯海战中获胜，从而巩固了自己在地中海的地位，加强了对达达尼尔海峡的封锁。土耳其海军的失败，加上俄国陆军在多瑙河方向和高加索方向所取得的胜利，迫使土耳其在1807年8月12日同俄国签订和约。

汉普顿海战

汉普顿海战是1862年3月8—9日，美国国内战争期间，在汉普顿停泊场（美大西洋沿岸诺福克附近）发生的一场海战，这是有史以来，装甲舰艇之间的首次作战。

19世纪上半叶，在美国领土向西扩张的过程中，在西部接连成立新的州。但是每当新州成立之际，就发生在该州内容许或禁止奴隶制存在的斗争。北方资产阶级和农民主张在新州内禁止奴隶制度，要求把新州确定为自由州。南方奴隶主则力图把奴隶制扩大到西部，主张把新州确定为蓄奴州，奴隶主利用其在美国国会及政府中的统治地位，连续取得胜利，激起北方广大人民的愤慨。

19世纪中叶，北部自由劳动制度与南部奴隶制度之间的矛盾发展到不可调和的地步，南部奴隶制度成为美国社会经济发展的主要障碍，南北之间的斗争在西部土地的争夺中表现得最为激烈。

1854年在北方成立了美国共和党。同年，南方奴隶主企图用武力把奴隶制扩张到堪萨斯州，于是在堪萨斯州爆发了西部农民与来自自由州的移民反对南方奴隶主的武装斗争，斗争持续到1856年，揭开内战的序幕。

1861年4月—1865年4月，美国南方与北方之间进行的战争。又称美国内战。北方领导战争的是资产阶级。在南方，坚持战争的只是种植场的奴隶主，他们进行战争的目的是把奴隶制度扩大到全国，而北方资产阶级的目的在于打败南方，以便恢复全国的统一。

1861年4月12日，美国南北战争爆发。北方联邦政府命令其强大的海军封锁南方同盟的主要港口，切断叛军与外界的联系。南方舰队的实力远不如北方政府军，因此在海上处于被动挨打的地位。南方同盟的海军部长马洛里认识到，南方工业基础薄弱，永远不可能造出足够数量的舰船来压倒北方。于是他寄希望于问世不久的装甲技术来打败北方舰队。南方海军认为拥有铁甲舰是第一要务。这种军舰可以切断所有通往北方的航道，阻止其封锁南方，并在遭遇对方海军时大获全胜。在马洛里的全力支持下，莱姆森、约翰·布鲁克、约翰·彼得和怀特等人在1861年夏天联合提出了建造装甲舰的计划，并得以立刻实施。

1861年4月美国南部联邦军占领了诺福克海军军港。此港停泊着海军最现代化的舰船，装有50门大炮的木壳螺旋桨蒸汽动力巡航舰"梅里麦克"号，因蒸汽锅炉尚未起动，未能逃脱，船上官兵将船凿沉而逃。但南军把该船从伊丽莎白河中打捞出水面，铲平、撤销已经损毁的上层建筑，然后用双层5.08厘米厚的铁板覆盖它的干舷部分，在衬垫上0.61厘米厚的栎木、松木。以法国"光荣"号、英国"勇士"号为榜样，在两舷炮位安装了大口径滑膛炮和线膛炮，变成名副其实的铁甲舰，并重新命名为CSS"弗吉尼亚"号。其排水量3200吨，航速5节，成员320名。她的甲板上建筑内倾45度角，横截面为梯形，舰长83.8米，宽11.7米，高6.9米，舰首水线以下还安装了一个重达675公斤的铸铁冲角。舰长是富兰克林·布坎南海军上校。

南方同盟军建造铁甲舰的消息很快传到了华盛顿，联邦政府海军部组织了一个铁甲舰委员会，研究了法国和英国的发明。海军部长吉迪恩·韦尔斯及其顾问们获悉南方海军在诺福克对"梅里麦克"号所作所为的情形后，很快认识到这种新装甲舰可能会冲破北部对南部的封锁，甚至沿波托马克河上驶威胁华盛顿，从而可能赢得战争。面对这个挑战，海军部迅速通过了约翰·埃里克森提出的全新舰艇设计方案。决定建造3艘铁甲舰，即"莫尼特"号、"盖伦娜"号和"新克伦威尔铁甲军"号，共拨款150万美元。

埃里克森的设计是：军舰的船型较小，比较低矮，铁壳结构，具有装甲和装甲甲板，单个旋转的炮塔上装2门口径280毫米的达尔格伦滑膛炮。它比"弗吉尼亚"号上3门228.6毫米达尔格伦和2门165毫米、2门178毫米的线膛炮，威力还要强大。

1861年9月，吉迪恩·韦尔斯和埃里克森签订合同，"莫尼特"号新舰在101天就下水试航。其排水量为987吨，航速6节，乘员58人。舰长是沃登海军上尉。在2月25日服役，3月

3日完成试航，3月6日自纽约出发投入切萨克湾战斗的试航。由于该舰造型奇特，获得绰号"木排上的奶酪箱"。很多人都嘲笑它的战斗价值，给予"埃里克森的无效劳动"的评价。就连林肯总统在看了它的模型以后也表示出极大的怀疑。在获悉弗吉尼亚几乎已准备就绪以后，海军部决定"莫尼特"号参加北部联邦舰队对诺福克和詹姆斯河进行封锁。

美国联邦军从海路向里士满发动进攻，同时为保证陆军在詹姆斯河下游地区登陆，在河口的汉普顿锚地部署5艘大型护航舰和数艘炮舰进行封锁。

1862年3月8日，被军舰队集中在弗吉尼亚州詹姆斯河口，计划攻打诺福克港并希望能够逆流而上炮击南部同盟的首府里士满。正如所料，"弗吉尼亚"号在海军将军富兰克林·布坎南——美国前海军司令指挥之下，驶出诺福克。

3月8日12时45分，进入汉普顿锚地的罗兹湾。北军舰队派出快速巡航舰"国会"号、单桅炮舰"坎布兰"号和快速蒸汽炮舰"明尼苏达"号迎击。"坎布兰"号位列编队之首，它利用自身两舷新式的24门线膛炮，对"弗吉尼亚"号实施猛烈射击，在中距离内，密集的火力准确命中"弗吉尼亚"号，其他北军战舰也相继射击。北军的开花弹打在"弗吉尼亚"号上，弹片四处迸飞，但未造成任何损伤；实心弹也只能留下一个个浅坑。"弗吉尼亚"号缓慢靠近北军编队，实施横向拦截。首先用冲角撞沉"布坎兰"号，与位于第二位的"国会"号形成抵近，此时才开炮射击。

近距离根本无须瞄准，10门大炮同时发射，开花弹全部命中"国会"号。登时，"国会"号上发生连续爆炸，木片、炮架、帆篷直飞天空，全舰燃起大火，"弗吉尼亚"转舵撞击，"国会"号迅速下沉。"明尼苏达"号见状立刻转舵，慌乱中搁浅，无法移动。"弗吉尼亚"号本来能够经受住岸上炮兵的火力，但因装甲重量大，吃水深，南部同盟军舰队司令不愿意让舰船靠岸太近，何况，当"弗吉尼亚"号撞击"国会"号时，"国会"号下沉迅速，使"弗吉尼亚"号撞角断裂，稍有漏水，2门炮口的突出部撞击后已损坏，于是"弗吉尼亚"号回到诺福克，修复轻微损伤，补充燃料后，准备于9日再次出击，以完成歼灭北部联邦海军封锁中队。

当晚，"莫尼特"号从纽约到达。这艘新舰航行得颇为艰难，事实证明，它完全不适宜于航海。

3月8日9时，"莫尼特"号在汉普顿锚地与遭受攻击的联邦军舰船会师。"莫尼特"号舰长约翰·沃登，把自己的舰船抛锚停泊，利用军港直接保护搁浅的"明尼苏达"号。

第二天早晨，天气晴朗，"弗吉尼亚"号驶出塞尔维锚地出战，再次进入罗兹湾。舰长布坎南海军上校决心再进行一次昨天的战斗，彻底消除北军的封锁。早8时，"弗吉尼亚"号逼近搁浅的"明尼苏达"号，企图俘获这艘战舰。突然，一个矮小扁平的家伙拦腰杀出，挡住"弗吉尼亚"号去路，人类历史上第一次蒸汽装甲舰海战开始了。

"莫尼特"号的引擎性能很好，吃水只有3.66米，外形低矮，小巧灵活。炮塔可以作360度旋转，没有射击死角。但炮手都是仓促上阵，训练不足，因此，火炮射速很慢，命中率低下。"弗吉尼亚"号正好相反，其火炮数量多、射速快，船员训练有素，命中率很高。但由于发动机和舵的性能不好，加上排水量大，吃水深达6.71米，因此，行动笨拙。于是，小巧的"莫尼特"号围着巨大的"弗吉尼亚"号打转，而"弗吉尼亚"号则竭尽全力轰击"莫尼特"号的炮塔，并多次试图撞沉它，但都被"莫尼特"号灵巧地躲开了。双方谁也奈何不了对方，而"弗吉尼亚"号受牵制于"莫尼特"号，始终无法消灭北方军的其他舰船。最后，"弗吉尼亚"号搁浅。如果此时，沃登不是恰巧在低位驾驶舱狭长观察孔被击中受伤造成双目失明的话，南方战舰很有可能不是被击沉就是被俘获，"弗吉尼亚"号总算有了逃脱的可能。12时30分，乘联邦舰只驾驶室暂时混乱之际，弹药匮乏、蒸汽压力不足和严重漏水的"弗吉尼亚"号退出战斗，缓慢费力地驶回了诺福克。"莫尼特"号也无心追击。这场持续4个多小时的战斗结束了。

虽然，这次海战对南内战争全局没有决定性的作用，但它在海军历史上是十分重要的事件，在汉普顿海战以后，装甲舰已经显示了自己可以承受强大的火力的优越性，并且宣告了木壳舰船时代的结束，对海军装备的发展产生了重大影响。

利萨海战

利萨海战是意大利独立战争期间,意大利与奥地利两国舰队在亚得里亚海利萨岛附近海域进行的海战。这场举世瞩目的、以蒸汽为动力的铁甲舰之间的首次对决,成为当时欧美各国海军都必须深入细致地在战术、武备和舰船结构等方面进行研究的战例。这场海战标志着海上战斗已经从风帆时代过渡到了蒸汽铁甲时代。

1866年6月,普鲁士与意大利联合向奥地利进攻,前者想把德意志境内各邦都划归普鲁士,后者则想克复威尼斯。意大利人在陆地上失败了,为了能在和平谈判中讨价还价,开始寻求海上的胜利。意大利的海军被认为是世界上最强大的,它有12艘铁甲舰,包括新的蒸汽动力快速舰"意大利"号和"迪波托加罗"号,新的有炮塔和撞角的"铅锤"号(即"阿芳德托尔"号),全部舰船均配备大口径"阿姆斯特朗"线膛炮。此外,还有16条木壳蒸汽机舰船。但是意大利的水兵没有得到很好的训练,他们的军官缺乏进取心,他们的司令官佩尔萨诺上将似乎对他的这一行一无所知。与佩尔萨诺的十几条铁甲舰相比,奥地利只有7艘铁甲舰,全部是蒸汽快速舰,但都有点陈旧了。他们的木壳舰主要有1艘蒸汽动力舰"凯撒"号，5艘螺旋桨快速舰和1艘海防舰。每艘木壳舰上，只有少部分炮是线膛炮，事实上奥地利的火力还没有意大利的一半。但是他们的不可估计的优势在于他们的舰队司令海军少将威廉·冯·特格特霍夫，他的士兵训练有素，既有进取心，又精通他们的专业，这些都是意大利指挥官们所缺乏的。

佩尔萨诺起初置"清剿亚得里亚海的敌人"的命令于不顾，仅仅把安科纳基地的军舰做些无谓的调动，在这期间，他没有操练那些未经训练的炮手。最终皇帝下了一道强制命令，"对敌人的要塞或舰队发起攻击，任何行动都被认为可能取得胜利"。佩尔萨诺在此命令的推动下，准备夺取利萨这一奥地利小岛。

当时的意大利海军，被认为是世界上最强大的海军之一，拥有12艘铁甲舰，其中包括新式的"意大利"号、"迪波托加罗"2艘快速舰，以及装有炮塔的新式战舰"铅锤"号，另外还有16艘木壳蒸汽机军舰。而奥地利海军仅有7艘铁甲舰，其余均为木质军舰。

1866年7月16日，意大利舰队在佩尔萨诺海军上将率领下从安科纳出海，向利萨岛发起进攻。18、19日两天，意大利舰队对利萨岛进行炮击，守岛的奥地利军队非常顽强，用火炮击伤了意大利"强大"号铁甲舰。在意大利舰队准备组织再次进攻时，奥地利舰队于7月20日拂晓抵达战场。

奥地利的特格特霍夫带领他的舰队远在165海里之外的波拉港。当得知利萨遭袭时，起先他以为这仅仅是一次佯攻。他难以相信意大利人会采取这样的冒险行动，作为两栖攻击既没有突然袭击的机会也没有首先掌握制海权。意大利人全力发起攻击时，特格特霍夫向利萨驶去，到达利萨附近海域，他命令舰队做好战斗准备。意识到自己的火力处于劣势，他选择了一个容易冲击的队形——三个"V"字形纵向排列，第一个V形由他率领的7艘铁甲舰所组成，领头的是旗舰"费迪南德·马克西米兰"号。第二个"V"形是木壳快速舰和1艘海防舰，由"凯撒"号领头，他把其余的小型舰船编在第三个"V"形队列中。

佩尔萨诺的舰船向利萨岸上的要塞炮台轰击了2天，也没能使岸上的88门小口径炮停止射击，而舰队伤亡很大，一艘铁甲舰失去了攻击能力，大部分弹药消耗掉了，燃料只够使用2天了。

7月20日早上，佩尔萨诺又开始了攻击。当他正轰击利萨的炮台并准备派部队登陆时，瞭望哨突然报告，奥地利的舰队正从西北方向开来。惊慌失措的佩尔萨诺匆忙将他的铁甲舰编成纵队从奥地利的编队前方冲过去。在这紧急时刻，佩尔萨诺竟毫无道理地把他的军旗从"意大利"号移到处于战斗队形之外的"铅锤"号上。结果在前面的3艘意大利军舰与后面的军舰之间出现一个大空隙。特格特霍夫立即率领他的由铁甲舰组成的先锋编队穿过这个空隙，他的木制舰船则向佩尔萨诺的木制船和其余铁甲舰冲去。

这场战斗很快变成一场混战，舰船的运动部分地被烟雾所遮蔽。"铅锤"号2次试图撞击木制"凯撒"号而没能成功。"凯撒"号1发炮弹擦过"迪波托加罗"号，但自己却在对方的炮火下起火，并最终被"铅锤"号逐出战斗。与此同时，奥地利人的炮火使1艘意大利的铁甲舰船起火燃烧。

特格特霍夫的旗舰撞击"意大利"号的行动在这次战斗中最为壮观。当"费迪南德·马克西米兰"号在战斗的烟雾中搜索的时候，它撞在"意大利"号的舷上，这艘意大利军舰失去了控制方向的能力，而且，它的前方又被另一艘奥地利军舰封住去路，当它后退时，"马克西米兰"号全速冲撞它的舷边，并使其向右舷严重倾斜。随着"马克西米兰"号慢慢地后退，"意大利"号恢复正常，接着在自己的动量和破口处涌入的数吨海水的作用力下又向左舷倾斜。当它倾翻并沉没时，舰上缺乏训练但很有士气的水兵正在为他们的国王高呼万岁。

"意大利"号的沉没结束了这次战斗，意大利舰队向西退却。由于，奥地利舰队有几条军舰受损并仍处于劣势，特格特霍夫没有追击。无论如何他完成了解救利萨的使命，他作为民族英雄回到了奥地利。而佩尔萨诺则被解除了职务。

利萨海战是奥地利海军的一次大胜利，彻底解了利萨之围。海战中意大利舰队遭受重创，损失了3艘铁甲舰，1000余名官兵。

利萨海战是海上铁甲舰队间的首次交锋，这次海战对其后的海军战术起了很重要的影响，奥地利舰队采用的"V"字楔形横队引起了各国的注意，在这场战役过去几十年之后的黄海海战中，中国北洋舰队采用了类似奥地利舰队的"V"形阵迎战采用纵队的日本舰队，但海战结局却大相径庭。此外，利萨海战中奥地利舰队采用撞击战术屡屡奏效，于是，这一古老的战术又复活了。从此以后，一直到20世纪初，多数国家的军舰上都安上了撞角。

利萨海战证明了当时的火炮对装甲舰已没有良好效果，而且，利萨海战充分显示出蒸汽动力的铁甲舰具有优越的机动性，能够比较迅速地变换战斗队形。这场海战标志着海上战斗已经从风帆时代过渡到了蒸汽铁甲时代。

对马海战

对马海战是日俄战争期间，日俄两国舰队在对马海峡附近海域进行了海上决战。战斗以日本舰队全胜，彻底摧毁俄国波罗的海舰队告终。

日本在甲午战争胜利之后，中国成为它的主要侵略目标。而这与同样图谋中国的沙皇俄国形成了尖锐的冲突，在俄国、法国和德国的直接干涉下，强迫新兴的日本放弃辽东半岛。以当时日本的实力，根本无法同这三个列强相抗衡，日本不得不妥协，1898年，清政府与俄国签订了旅顺、大连租借条约，将旅大地区租给俄国25年。俄国还积极向朝鲜半岛扩张。朝鲜向来是日本与亚洲大陆交流的跳板，朝鲜若为俄国所控制，不但日本向亚洲大陆扩张将化为泡影，甚至日本本土亦不免为俄国所侵扰。日俄两国关系日益恶化。

1894年，中日甲午战争后，战胜的日本依靠获得的巨额战争赔款，国力和野心大增，立刻展开一个十年海军扩充计划。在另外一方面，俄国自1898年起积极扩充海军的实力，在法国的协助之下，于圣彼得堡的造船厂中建造新型战列舰，企图在1904年使其海军实力成为仅次于英法两国的第三海军大国。

1902年，英国为制衡俄国在东亚的扩张，与日本签订英日同盟条约，提升了日本的国际地位，同时也加深了日本以战争解决日俄争端的决心。日本经过近10年的筹划准备，与俄国在远东中国境内展开决战。

1904年2月8日夜，日海军鱼雷艇队袭击了驻泊旅顺的俄国太平洋舰队，日俄战争爆发了。

战争伊始，日本并无必胜的把握，其战略构想乃是利用驻中国东北俄军与欧俄本土补给线遥远，想趁俄军未能调集大军东来增援之前，倾全国之兵击溃远东俄军，打击俄国士气，在利用国际列强的调停，逼和俄国，以确保日本的利益。在俄国军方，也猜想得到日本的此一战略，双方也都知道此一战略的关键在于日军能否安全地横渡日本海，在朝鲜海岸或是中国东北登陆。

1903年，俄国太平洋舰队参谋长卫特捷夫特曾扬言，俄国太平洋舰队绝对不会被日本舰队所击败，而日军想在朝鲜或黄海海岸登陆更是绝无机会。

在日俄战争之前，俄国太平洋舰队在旅顺及海参崴（即符拉迪沃斯托克）的基地与日本海军战力比较来看，双方实力在伯仲之间，但日本海军又要担任登陆部队的掩护任务，情势对日本海军较为不利。面对此一形势，日本联合舰队司令东乡平八郎大将决定突击俄国舰队大本营旅顺，以削弱俄舰队实力，并全力封锁旅顺，使俄军主力舰队不能阻挠日军登陆。

1904年2月，日本明治天皇决定对俄国作战。

1904年2月6日，齐聚于佐世保海军基地的日本联合舰队起锚航向旅顺。

1904年2月8日晚，9艘日本鱼雷艇潜入旅港区，展开突击。当夜俄军高级将领都上岸参加舰队司令史塔克所举办的舞会，而且俄军普遍轻敌，认为日本绝对不敢与俄国开战，所以港口航道连防雷网都未架设，各舰也都未实施灯火管制，舰上灯火辉煌。当夜旅顺港内的情况对日本突击队而言非常有利，可是日军所得的战果却是乏善可陈，日军一共发射了18枚鱼雷，重创俄战舰"太子"号，并使"列特维赞"号以及"智神"号巡洋舰搁浅，可是，俄军很快地就将这3艘舰只修复。

1904年2月9日，日本第四战队司令瓜生外吉率领舰队击沉部署于朝鲜仁川港的俄军巡洋舰1艘，顺利掩护日军2500人登陆上岸。同日，东乡平八郎率领的联合舰队主力舰队抵达旅顺，并实施岸轰，不过效果不大。虽然俄国舰队实力并未受到重创，不过却龟缩在旅顺基地内，任由日本横行。开战当天，日本新购进的"日进"号及"春日"号2艘装甲巡洋舰也加入了日本海军服役的行列。

日本在策划这场战争时，已考虑到掌握黄海制海权，确保海上交通线的顺畅的问题，为此必须歼灭以旅顺为基地的俄国太平洋舰队主力。因此，开战之后，俄国海军的精锐——太平洋舰队被日本联合舰队封锁在旅顺港内，双方在一系列封锁与反封锁的战斗中互有损伤。初期的俄国舰队尚属主动，在日本人企图封锁港口时还能主动出击。

1904年2月8日，日本联合舰队主力驶达中国旅顺港，偷袭了驻在旅顺港的俄国太平洋舰队，使俄国舰队受到重创。其后，日本联合舰队又封锁了旅顺港，把俄国舰队封锁在旅顺港内，使其行动不了。

日本联合舰队司令官东乡平八郎用"沉船堵港"办法，对旅顺口进行就地封锁。其后，东乡平八郎又让日军在旅顺口外布设了水雷。俄国太平洋舰队旗舰就是触上水雷沉没的。俄国舰队以牙还牙，也用水雷战争对付日军，日本联合舰队的2艘主力战列舰也触雷沉没。

同年4月13日，俄方遭到开战以来最大的挫折——战列舰"彼得罗巴甫洛夫斯克"号被日方布设的水雷炸沉，新上任不久，公认为俄国海军最出色的将领马卡洛夫海军中将也殉职。俄罗斯太平洋舰队的士气一落千丈。继任的舰队指挥官认为前途渺茫，下令舰队龟缩在港内。而日本陆军在海军的掩护下在辽东半岛成功登陆，开始在陆上包围旅顺。为了避免舰队覆没在港内，在新上任的舰队司令维佐弗特少将指挥下，俄太平洋舰队试图于6月23日突围，但在日本舰队早有准备的阻截下又退回港内。至月底，日本陆上围攻部队的炮火已达港口，维佐弗特又试图向海参崴突围。

8月10日，突围的俄舰队在黄海海面遭遇东乡指挥的日本联合舰队主力的拦截，爆发了黄海海战，战斗中维佐弗特被击毙，大多数俄舰又被逐回旅顺港，随后驻泊于海参崴的俄太平洋舰队剩余舰只又被日本海军拦截。经此一战，俄国太平洋舰队彻底丧失了攻击精神，对突破日本海军的封锁再也不抱希望，如同克里米亚战争时期，舰上的水兵被补充到陆上防御部队中，大炮从战舰上拆下，被安装到岸上的要塞和工事里。俄国太平洋舰队一直停泊在港里，已经不能对日本本土和海上运输线造成任何威胁，日本人毫无疑问完全掌握了黄海的制海权。开战之初尚且盲目乐观的俄国，终于感觉到了勒在脖子上的东瀛绞索越勒越紧的滋味。

　　远东战况胶着，而陆军因西伯利亚铁路的运输量有限，由圣彼得堡方面派出的增援速度很慢。在冬季，由于道路泥泞，在中国东北作战更是苦不堪言。但是，与俄国比较，日军虽节节获胜，但伤亡率很高，尤其是旅顺的攻击战，陆军乃木希典大将所指挥的第三军几乎是踏过战死同胞尸体所填满的战壕才攻下旅顺的。另外，日军的困扰是一直未能截获俄舰主力，给予迎头痛击。假如战局长期地拖延下去，日军的经济必定会被拖垮崩溃，所以日军急切地希望能给予俄军一次重击，以便早日结束战局。

　　1904年6月20日，由于俄国太平洋舰队的拙劣表现与困守旅顺的窘境，沙皇尼古拉二世决定派遣波罗的海舰队增援。将原太平洋舰队改称为第一太平洋舰队，而赋予波罗的海舰队第二太平洋舰队的头衔，并命罗兹德文斯基中将为第二太平洋舰队的司令官。而第二太平洋舰队的主力舰艇波罗地诺级战舰还有3艘尚未完工；另外，由于俄国海军精练的官兵大多都在远东，罗兹德斯文斯基不得不征召退伍军人与从未见过大海的农民充当水手，重新训练，这对于整体战力有很大的影响。

经过了4个多月的准备，罗兹德文斯基终于编组了一支像样的舰队。1904年10月15日，第二太平洋舰队开拔增援远东战局。这只舰队由波罗的海基地到旅顺几乎横渡半个地球的距离，由于俄国的主力战舰其吨位都在10000—15000吨之间，无法取道苏伊士运河以缩短航程，只有从非洲海岸南下，绕过好望角，进入印度洋。沿途受限于中立法规的影响，加上俄国又没有海外基地提供补给，一切都要依靠舰队本身的补给舰支援。当他们赶到中国海域时，已是1905年5月的事情了。

1905年5月27日11时，俄舰"奥瑞尔"号战舰向跟踪的日本巡洋舰首开战火，而后又在罗兹德文斯基的命令下停火继续航行。1905年5月27日12时，日军联合舰队的主力抵达战区海面。13时40分，罗兹德文斯基判断日军主力舰应是由西北方前来，于是下令其第一、第二舰队顺序转向左舷90度，以便新式战舰恰好可以横过日本舰队的先头旗舰，得以集中各舰火力猛击日舰的旗舰。但是，此一命令却未完全贯彻，只有第一舰队的4艘战舰完成了转向，第二舰队却没有任何动静，于是，俄国舰队分成了两列前后并行的队伍。

13时45分，双方都可以目视敌舰。可是，日舰却出乎罗兹德文斯基意料地出现在俄舰的东北方，于是，罗兹德文斯基又下令俄舰队成一纵队前进。俄国舰队由于队形变换不良，造成混乱，第二舰队旗舰"奥斯里雅比亚"号甚至被迫停止前进，以免与其他舰只相撞。

13时55分，东乡平八郎在旗舰"日本三笠"号战列舰上下达开火命令。此时，在俄国炮火的射程之外，东乡平八郎先率领舰队横过俄舰的正前方，等到横过之后转向南方航行。此时的俄军则严密监控日舰的动向。

14时，东乡平八郎下令各舰依次转向左舷180度U型转弯。此举令日本军官与俄国舰队都大吃一惊，因为转向后的舰只会妨碍未转向军舰的射击，而且那一个转向点，使正在转向的日舰成为俄舰的靶子。

14时08分，俄舰首先开火，日舰在受到攻击的情况下艰难转向，"浅间"号装甲巡洋舰舰尾中弹3发，舵机转动失灵，被迫退出了战斗行列，其他日舰受到不同程度损伤。

14时10分，日本舰队大部分完成转向，开始用猛烈的炮火回击，日舰前4艘集中攻击俄军第一舰队旗舰"苏沃洛夫公爵"号，后6艘攻击俄国第二舰队旗舰"奥斯里雅比亚"号。此时，俄军"奥斯里比"号失去动力，全舰笼罩在大火中。"苏沃洛夫公爵"号舵机失灵，向左舷倾斜8度。罗兹德文斯基中将本身亦受伤，头部、背部与脚都有伤，众人将他移到指挥塔，罗兹德文斯基已陷入昏迷状态。日军利用改良的火药,杀伤力大增,加上准确的命中率,俄舰损失惨重。15时10分,"奥斯里雅比亚"号在俄国官兵的面前沉没。早先担任斥候任务的日军第三、四、五、六战队,则集中全力攻击俄国的巡洋舰、驱逐舰及补给舰。

16时45分,日本铃木贯太郎的驱逐舰队攻击受伤的"苏沃洛夫公爵"号战舰,使其倾斜增为10度。之后东乡平八郎的舰队又失去了俄舰踪影。

17时30分,日军发现俄舰往东北加速逃逸,于是向北追击。

18时整,日军再度捕捉到俄舰的踪影,并对"亚历山大三世"号战舰展开攻击。

18时30分,"亚历山大三世"号战舰多处中弹,最后终被击沉。

19时,日本"富士"号战列舰命中俄军"博罗季诺"号战舰锅炉,发生爆炸,顷刻沉没。

19时20分,俄军旗舰"苏沃洛夫公爵"号因损伤严重,航速减慢,最后,在日军鱼雷快艇队的包围及攻击之下,终于沉没。

19时30分,由于夜幕降临,东乡平八郎将受伤残存的俄舰委托由鱼雷艇继续追击并加以击沉,其余日舰全部撤离战区,传令各舰次日于郁陵岛集合。而俄军此时正由诺伯加托夫少将继续率领俄舰"尼古拉一世"号、"奥瑞尔"号、"阿普拉克辛"号、"辛亚文"号、"伟大的西索伊"号、"纳瓦林"号、"纳希莫夫将上"号及"巡洋舰绿宝石"号向海参崴方向逃逸。

当天的天气并不是很好,而日军的鱼雷艇在波涛汹涌中奋力驶近俄舰攻击,"纳瓦林"号被鱼雷击中而沉没,"纳希莫夫上将"号及"西索伊"号也被鱼雷击中,驶到对马岛搁浅自沉。俄军舰队已溃不成军。

1905年5月28日,日舰命令俄舰降旗投降。"乌沙科夫"号立即升起战旗并用炮火来回答日舰命令,它立刻受到日舰集中攻击,被严重击伤后自沉。其他俄舰,或是被击沉,或是逃到中立港被解除武装,最后只剩下巡洋舰"金刚石"号及2艘驱逐舰到达海参崴。

1905年5月28日清晨7时,俄军在海战中最后一艘战舰"顿斯科伊"号在郁陵岛附近被幸存舰员凿沉在深水里。对马海战以日军完胜结束。

此战最重要的意义就是日本海军成为当时世界上地位仅次于英美的第三强海军国家。

福克兰群岛海战

福克兰（马尔维纳斯）群岛海战是1914年12月8日在第一次世界大战期间，德英两国分舰队在福克兰群岛附近进行的一场海战。

1914年11月11日，德国海军中将马克西米利安·冯·施佩率领德国海军东亚分舰队在智利沿海的科罗内尔海战中，成功地击败了英国海军少将克里斯托弗·克拉多克爵士指挥下的一支英国海军分舰队。在1个小时内就击沉了"好望角"号和"蒙默思"号2艘装甲巡洋舰，同时，施佩的舰队只被无足轻重地命中6发，只有2个人受伤。这一战果迫使剩下的英国轻巡洋舰逃走，同时，英国还丢掉了来自秘鲁和智利的硝酸盐、铜和锡的船运。

克拉多克舰队的失败，使英国惊醒过来。英国海军部立刻作出反应：向施佩可能去的各个水域派出了强大的增援兵力。

11月11日，从大舰队中抽出2艘战列巡洋舰"无敌"号和"不屈"号，在海军中将弗雷德里克·斯特迪的指挥下，从德文波特秘密启航，于12月7日到达福克兰群岛斯坦利港，与原来驻泊在那里的5艘舰艇会合一处，组成了一个新的舰队。事情就是如此的巧合，就在斯特迪舰队到达福克兰的第二天，施佩的舰队也一路奔波赶到了该海域。施佩已经缓慢地绕过南美洲的南端，又花了3天时间从他缴获的1艘加拿大帆船上加煤。

12月6日上午，他召集舰长们开会。施佩并不知道英国人已经叫来了战列巡洋舰，他还想着施展一下沿途袭扰的老把戏，计划途中进攻斯坦利港，夺取港内的存煤并摧毁岛上的英国人的无线电及其其他军用设施。但是其他舰长们无一赞同这一计划，但是施佩主意已定，执意实施。12月6日中午，施佩舰队进入南大西洋。

1914年12月8日9时20分，施佩舰队中担任侦察任务的前卫舰队"格奈森诺"号装甲巡洋舰和"纽伦堡"号轻巡洋舰，观测到在斯坦利港内有很多桅杆，接着又发现出2根巨型三角桅塔——这是英国战列巡洋舰的典型标志。与此同时，在港外警戒的老式战列舰"卡诺珀斯"号在岸上瞭望哨的引导下用双联305毫米前主炮向德巡洋舰突然齐射。得知这一消息的施佩此时才方知斯坦利港内英军藏龙卧虎，原准备顺手牵羊的美梦顿时烟消云散。施佩觉得末日降临，连忙下令舰队撤退。

早在7时50分，斯特迪就收到了的施佩舰队正向这个群岛接近的消息。斯特迪同施佩一样感到意外，因为刚刚到达的英国人正在给军舰加煤和维修，还未做好战斗的准备，没想到德国人却自己送上门来……历史之笔在这里又一次踌躇了，连英海军将领自己也承认，抛锚停泊而没有生火的斯特迪舰队"被发现时处于不利地位，如果德国人坚持及时发动攻击，则英舰队的结局将是极不愉快的"。然而，此时的施佩已经吓破了胆，正在落荒而逃。相反，斯特迪却报仇心切，他下令立即升火出港迎战。英舰的司炉们在锅炉房里忙得满头大汗，舰船升火了。被煤灰染黑而且带着加煤装具的英国战列巡洋舰立即出海，全速前进。

8时45分，"肯特"号驶离港口。9时45分，其他舰只也相继离港。10时，"无敌"号发出了振奋人心的信号"追击！"11时，匆匆逃跑的施佩收到了最令他担心的报告：他的舰队已被那2艘英国战列巡洋舰追上了。

12时45分，双方在相距14400米的距离上开始了战斗。排水量17250吨、装有8门12英寸大炮的"无敌"号和"不屈"号，将巨型炮弹暴风骤雨般地倾泻到德舰上。

13时20分，遭受英舰第一次打击的德舰队乱了阵脚。施佩眼看要彻底悲剧，命令他的巡洋舰立即分散，各自逃命。

为减少己方损失，斯特迪命令跟随战列巡洋舰作战的"卡那封"号装甲巡洋舰拉开距离，亲自率领"无敌"号、"不屈"号战列巡洋舰，单独与施佩的主力"沙恩霍斯特"号和"格奈森诺"号对垒，而"肯特"号、"康沃尔"号和"格拉斯哥"号已奉命前去追击"纽伦堡"号和"莱比锡"号。这一调整使德国人在射程、火力和航速上完全处于劣势。英舰12英寸大炮立刻显示出了威力，"沙恩霍斯特"号首尾中弹多发，被打得千疮百孔，水线以下遭到了严重破坏，大火弥漫了整个舰体。

15时30分，该舰的第三个烟囱被炸飞，火炮也被打哑了。15时30分"沙恩霍斯特"号突然向左舷倾斜，直到来个底朝天。晚16时17分，残破不堪的"沙恩霍斯特"号带着格拉夫·施佩和他的两个儿子内的700多名舰员一同沉入海底。

施佩舰队的另一艘主力舰"格奈森诺"号装甲巡洋舰，企图与"沙恩霍斯特"号携手顽抗，但是英国战列巡洋舰的重型炮弹轻易地穿透了它的甲板，给该舰舰体造成严重破坏。"格奈森诺"号的两个锅炉舱涌进大量海水，燃起的浓烟吞噬了整个舰体。

18时02分，该舰沉没。在它覆没前，英国军舰营救了从该舰逃亡出来的190名官兵。与此同时，德军另外2艘巡洋舰"纽伦堡"号和"莱比锡"号，在英军追杀下无路可逃，分别于19时26分和20时30分被击沉，只有25名舰员获救。只有"德雷斯顿"号逃避了追击，隐匿于夜色之中，悄然离开。

战斗中，许多德国水兵挣扎于南大西洋冰冷的海水之中，只有一部分被英舰救起，其他人成了信天翁和鲨鱼的猎物。

1915年3月13日，幸免于难的"德累斯顿"号在智利领海被英国巡洋舰"格拉斯哥"号和"肯特"号撞见，短暂交火后重创自沉。加上此前"埃姆登"号已于1914年11月9日被澳大利亚轻巡洋舰"悉尼"号攻击而不得不弃舰。施佩伯爵分舰队至此全军覆没。

　　这场海战将战列巡洋舰的火力和速度优势发挥得淋漓尽致，也是战列巡洋舰在世界海战史上的首演。

达达尼尔海峡战役

达达尼尔海峡战役发生于1915—1916年，是英法联军于1915年2月19日—1916年1月9日实施的一次战役，也称加利波利半岛战役。

此次战役目的是，控制达达尼尔海峡和博斯普鲁斯海峡，占领土耳其首都君士坦丁堡（今伊斯坦布尔），迫使土耳其退出战争，瓦解德国阵营。英法两国竭力先于俄国夺取战略上极其重要的这两个海峡。时任英国海军大臣的温斯顿·丘吉尔是达达尼尔海峡战役的主要倡议者。

英法联合舰队的最初计划是，用舰炮火力逐次摧毁土军海岸炮连和要塞，扫除海峡水雷，并突入马尔马拉海，攻占君士坦丁堡。德土联军统帅部获悉英法准备达达尼尔海峡战役后，将土耳其第1、第2集团军的部队从博斯普鲁斯海峡地区调往达达尼尔海峡地区，使要塞炮兵和岸炮连的火炮数量增至199门，其中包括150—355毫米炮175门，布设了10道水雷障碍，共375个水雷，加强海峡海岸防御。在达达尼尔海峡入口两岸配置了拥有26门火炮的外围炮兵连，还配有中间炮兵连共85门火炮，内防炮兵连共88门火炮。达达尼尔海峡北岸的筑垒阵地部署了第1集团军第3军的部队，南岸部署了该集团军第15军的部队。

1915年2月，英法联合舰队集结在利姆诺斯岛穆德罗斯湾，其中包括战列舰11艘，战列巡洋舰1艘，轻巡洋舰4艘，驱逐舰16艘，潜艇7艘，飞机运输舰1艘。联合舰队在大口径炮方面比土耳其岸防炮优势明显，其中共有234—380毫米炮92门，102—191毫米炮190门。

2月19日，舰队开始炮击外围炮兵连。由于，土军进行强有力的火力还击，英法联合舰队又因地形，实施射击的舰队无法展开火力，所以在长达6个小时的炮击中，收效甚微。随后实施的炮火突击也未奏效。为了达成战役目的，联军把集结在达达尼尔海峡地区的联合舰队全部兵力——战列舰17艘，战列巡洋舰1艘，驱逐舰16艘，飞机运输舰1艘——都投入战斗。3月18日，联合舰队在新任指挥官指挥下，试图突入达达尼尔海峡，但仍未成功。

于是，联军决定放弃单纯使用海军作战的方案，改为实施陆海军联合战役：由登陆兵夺取加利波利半岛和达达尼尔海峡地区的筑垒工事，以保障舰队突入马尔马拉海，然后从陆上和海上实施突击，攻占君士坦丁堡。英法远征军在亚历山大（北非）向登陆地域出发的准备工作既暴露又进展迟缓，致使敌军得以判明战役意图，并采取措施加强了达达尼尔海峡地区的防御。土耳其统帅部组建了第5集团军（6个师，司令官为利曼·冯·桑德尔斯将军），并将原第1集团军在达达尼尔海峡地区设防的兵团编入其建制。

4月25日，联军登陆兵（81000人，178门火炮）在英国汉密尔顿上将指挥下，开始在加利波利半岛南端的塞迪尔巴希尔（主要兵力）、卡巴泰佩角（辅助兵力）、库姆卡莱角和萨罗斯湾（佯动兵力）登陆。敌人进行了顽强抵抗，联军主要兵力和辅助兵力在头两天战斗中损失1.8万人，夺取了纵身为1公里的登陆场，为扩大登陆场，英国统帅部决定实施第二批登陆兵登陆。英国从本土向加利波利半岛增调了约12.7万人。

8月初，军队增至12个师。于8月6日夜间在苏夫拉湾实施登陆后，英法联军转入进攻。到8月10日，土军14个师阻止了英法联军的进攻。战斗中，英法联军损失约4.5万人，大体相当于土军的损失。英法联军在8月的失利，很大程度上促使了保加利亚决定与德国结盟参战，也是丘吉尔辞去海军大臣职务的主要原因。

1915年底，由于德奥联军和保加利亚军队在巴尔干战区顺利进攻，塞尔维亚军队被击溃，以及出现了希腊倒向德国一方的威胁，迫使盟军停止了达达尼尔海峡战役，将14.5万人，1.5万匹军马和400门火炮撤到希腊境内。

争夺达达尼尔海峡的争夺持续了259天。参加战役的有英军49万人、法军8万人、土军70万人。在战斗过程中，英国伤亡和失踪11.97万人，法国2.65万人，土耳其18.6万人；英法联合舰队损失战列舰6艘，土耳其损失1艘。

日德兰海战

1916年。德军在凡尔登大战中惨败，大伤元气，从而陷入战略颓势。翌年，德军开始在西线采取战略守势，将主力军退至"兴登堡防线"。然而，德国人并不甘心失败，他们从1917年2月1日开始，进行"无限制潜艇战"，对敌国和中立国的船只进行袭击，企图以此打破英国海军保持的海上封锁，挽回败局。古语说：魔高一尺，道高一丈！肆无忌惮的德国潜艇，竟遭到了英国伪装的猎潜艇的无情打击。德国海军发现伪装猎潜艇的秘密后，他们的潜艇一遇到可疑的轮船，便"格打勿论"。然而，后来竟然又出现了一些更特殊的可疑船只。它们被击"沉"后，并不沉到海底，而且会在水下向潜艇开冷炮、发射鱼雷，将其击沉。

这样斗来斗去，德国人最后认定，要想从根本上突破英国的海上封锁，潜艇战是无济于事的，必须与英国海军举行决战。于是，德国海军便开始寻找决战的机会了。当然，英国海军也觉察到德国海军的战略新动向，而加以警惕了。

1916年5月30日，英国海军谍报人员发现，德国军舰"留佐"号和4艘战斗巡洋舰从停泊码头起锚，沿日德兰半岛海岸航行；"留佐"号在航行中，频繁地发报；5艘德舰逐渐进入并通过斯卡格拉克海峡，进入北海。

谍报人员将侦察到的有关情报，陆续发给英国海军情报部门。英国海军司令杰立克认真地分析了这些情报，断定德国海军的这次军事行动，是针对英国海军的。然而，他们的行动意图是什么呢？怎样加以对付呢？他深知德国人的狡猾。毫无疑问，德国人知道自己海军实力是不能与强大的英国舰队匹敌的。因此，如果摆出强大的阵容，德舰必然会溜掉。经过深思熟虑，杰立克决定采取诱敌之计——派贝蒂中将率领部分军舰前去迎敌，与德舰队遭遇后，即佯败后退，将敌舰诱至英国海军主力舰队潜伏的海域，一举歼灭之。

按照杰立克的命令和部署，贝蒂率领一支由6艘战斗巡洋舰和4艘战列舰组成的前锋舰队，向着德舰行驶的方向日德兰半岛西北海面，迎头快速驶去。杰立克亲率24艘战列舰，3艘战斗巡洋舰和多艘辅助军舰缓缓而行，与先锋舰队保持着不能暴露于德舰的距离。

原来，德国公海舰队司令舍尔海军上将，也定下了一条诱敌之计。已经驶进北海的"留佐"号等5艘军舰，便是作为诱饵被舍尔司令派出来，引诱英国舰队的。这5艘军舰，是由希佩尔海军上将统率的公海舰队属下一支舰队的军舰；"留佐"号是该舰队的旗舰。舍尔企图利用这几艘军舰，将英国舰队引诱出来，装模作样地打一阵子之后，便假装战败，转舵后退，将追击的英舰引进由自己指挥的主力舰队火力射程之内,围而歼之。

真是无独有偶,交战双方竟采用了同样的计谋!应该说,德国人的计谋更周密,更巧妙。"留佐"号频频发报,并沿半岛海岸驶出,意在让英国海军借以判明德舰方位并循迹来击。舰队按计策离港后,军港内的军用电台故意连续不断地呼叫舍尔的旗舰呼号,以期给英国人造成德舰队主力仍在港内的错觉。而实际上,公海舰队主力已与先锋舰只保持80公里的距离尾随前进,早已驶离军港。

5月31日午后2时许,英德双方的诱敌舰队相向地驶达半岛西北海面上,相距不过50多公里。然而,此时双方都还未曾发现对方舰只的影子,而是继续小心翼翼地各自向前行驶着。

不一会儿,双方诱敌舰队几乎同时都发现了货轮后面的敌舰。

2时52分许,双方最前面的2艘战斗巡洋舰交火了,从而打响了一战期间最大的海上战役——日德兰大海战。贝蒂当即命令各战斗巡洋舰全速前进,迎击德舰;战列舰紧跟巡洋舰,配合作战。他同时命令各舰,与后边的主力舰队保持密切联系。英舰以45公里的时速向东行驶,迎击希佩尔舰队。与此同时,德国5艘军舰则按计划,向主力舰队方向且战且退。英舰队紧追不舍。

在双方相距约20公里时,德舰首先开炮,英舰马上还击。

本来英舰装备的火炮口径几乎都大于德舰，但其射击命中率却远低于德舰。先是英旗舰"狮"号多次中弹，受重伤后险些沉没，紧接着"玛丽王后"号甲板被德舰穿甲弹击中沉没。几分钟后，"不屈"号中弹爆炸，沉没。2艘军舰上的总共2000多名士兵和船员，几乎全部葬身海底。

损失两舰之后，贝蒂恼火了。他指挥其余4艘巡洋舰冲向德舰，4艘战列舰紧随其后。而希佩尔则指挥德舰全速向主力舰队靠近。

追着，追着，瞭望员突然喊道："报告将军，远处好像有大批敌舰……"贝蒂马上操起望远镜瞭望前方。"不好！"他情不自禁地叫了出来。他越过希佩尔的几艘军舰看到前方水天之际，果然有很多军舰的影子，一团团的烟气也依稀可见。贝蒂大惊失色，他意识到中了德国人的奸计！他立即的命令各舰转舵，全速后退。德舰紧追英舰，并以猛烈炮火射击，英舰也边退边还击。结果英3艘战列舰中弹负伤，德2艘战斗巡洋舰受重伤。

6时许，几乎与贝蒂率领的8艘军舰退回主力舰队火力保护线内的同时，杰立克司令发现了前进中的德国主力舰队的方位。他马上命令24艘战列舰，依次向左侧排成14公里长的舷侧单行阵势。而此时，舍尔尚未发现英主力舰队，更不知道英舰队已经严阵以待了，他的舰队继续鱼贯前进。当舍尔发现英舰队方位时，他的头一阵眩晕，险些昏倒，他暗暗叫苦不迭。

他的舰队已与英国舰队形成了"T"字形阵势,英舰队可用全部火力攻击,而自己则很难还击,只能招架!

经过短短10分钟遭遇战,德3艘舰只受重创,"留佐"号旗舰行将沉没。舍尔自知招架不住,马上命令各舰转头撤退,同时集中火力攻击英前锋旗舰"无敌"号。"无敌"号果然被炸沉。德舰队拟从英舰队后面撤退,结果又与英国主力舰队遭遇,形成又一个于己不利的"T"字形阵势。舍尔司令马上命令各舰发射烟幕弹,各驱逐舰发射鱼雷。然而,众多的鱼雷朝英舰飞去,却没有一枚击中目标,倒是浓密的烟雾起了掩护撤退的作用。

杰立克估计到德舰队是向本土撤退,所以派出部分军舰抢先封锁航线。时近午夜,德舰队先头部分又与英舰队后卫舰只遭遇,发生激烈的混战。零点过后,"黑太子"号英国巡洋舰,因误认一德舰为友舰,而遭到4艘德舰围攻,结果爆炸沉没。在混战中,还有2艘德舰,在黑暗中自相撞船,沉没。

直至6月1日凌晨3点多钟,这场激烈的大海战,才最后结束。结果是:德海军1艘大舰、10艘小舰被击沉,2500余人丧生;英海军的3艘大舰、11艘小舰被击沉,6000余人丧生。显然,英国舰队损失大于德方。在贝蒂与希佩尔统率的两支诱敌舰的遭遇战中,英德战斗巡洋舰数量之比为6:5,接近于1:1,没有体现英国海军在军舰总数之比中约占2:1的优势。这是造成英方损失大于德方的主要原因之一。尽管英方损失较大，但它毕竟是战胜者，更何况英国海军在舰只数量和吨位上的明显优势，并没有丧失。日德兰大海战之后，英国海军依然保持着对同盟国舰船实行海上封锁的实力。

奇袭斯卡帕湾

斯卡帕湾位于苏格兰东北部的奥克尼群岛，是英国海军的主要基地之一。它的地理位置特殊，是兵家必争的战略要地。

1939年9月，英国向德国宣战后，德国决心以海军兵力，阻断英国的海上交通线，将英国变成死岛。

1939年10月8日，德军"U-47"号潜艇悄悄驶出基尔运河，横穿北海向斯卡帕湾开去。

在斯卡帕湾的7个入口中，英军在6个入口设有防潜栅、防潜网、水雷场，并有警戒舰艇封锁，只有第7个出入口——水道狭窄多变，波汹流急，水下密布巨大的岩石，构成险峻的天然屏障的柯克海峡——英军防备松散。另外，英军还在柯克海峡凿沉3艘旧船。这样，潜艇要想通过这个海峡，比登天还难。英军自以为3艘沉船已将柯克海峡完全封死。然而，在"U-47"号潜艇出航前，德军利用侦察飞机拍摄的照片和间谍提供的情报，对柯克海峡进行了认真的研究，认为只要导航准确，从沉船的船首钻过去还是存在可能性的。

"U-47"号艇长普里恩沉着、从容地指挥潜艇向前航行，闯过一道又一道难关，偷偷地进入了斯卡帕湾。"U-47"号潜艇航行了大约3.5海里，终于看到前方有2个巨大的黑色舰影，近方位的一艘露出英舰独特的三脚桅和大炮塔。普里恩大喜，毫无疑问，近方位的这艘是"皇家橡树"号战列舰，稍远一点的那艘一定是"反击"号战列巡洋舰。这是皇家海军的2艘主力舰。

普里恩用6枚鱼雷分2次对英舰进行了扇面齐射。"皇家橡树"号发生了大爆炸，爆炸将整个舰体从海水中托起，水柱喷射到上空，烈焰在空中狂舞。"皇家橡树"号的主桅、烟囱和主桥等战舰的碎片四处飞溅，纷纷散落在"U-47"号潜艇的周围。

直到这时，英军才从睡梦中惊醒，知道基地被敌人潜艇偷袭。凄厉的警报声顿时响彻斯卡帕湾，巨大的探照灯光在湾内来回扫探，一艘艘驱逐舰在水中穿梭，不时丢下深水炸弹。

"皇家橡树"号已经被燃烧的大火吞没。在"U-47"号潜艇发起第二次鱼雷攻击后仅几分钟，这艘巨大的战列舰就被击沉了。舰上24名军官和809名士兵全部丧生。

此时，"U-47"号潜艇面临着巨大威胁，艇长普里恩冷静地下令全速返航。趁着英军混乱之际，指挥潜艇沿海岸拼命朝公海急驰。

当接近柯克水道时，普里恩似乎看到英军的警戒艇正咄咄逼来。他指挥着潜艇极其谨慎地在一艘沉船与一道防波堤之间的一条狭窄水道中穿行。船身两侧与沉船和防波堤的间隔不到半米，随时都有碰撞的可能。潜艇凭借高超的驾驶技术和勇敢的决心安全通过。

从它发射第1枚鱼雷到重新回到公海，仅用了1小时15分钟。

回到北海后，"U-47"号潜坐海底，直等到第2天晚上，才重新浮出水面，向德国返航。潜艇以最快速度航行，只用了3天时间，就到达了德国的威廉港。

这次出色的袭击使希特勒对潜艇的看法大为改观。希特勒当即批准了潜艇部队司令邓尼茨建造潜水艇的计划，同意采取"先发制人，进行无限制潜艇战"的战术。

狼群战术

第二次世界大战时,纳粹德国的海军将领邓尼茨首创了海战中的"狼群战术",使纳粹德国海军在二战初期占得先机。狼群战术的实质是集中弱小舰艇,合力摧毁大型舰队。行动中要派出数艘舰艇在海上进行游猎侦查,主要在夜间攻击,只要有一艘潜艇发现了盟军的护航舰队,就会发出无线电,聚集距离较近的潜艇,在晚上对敌人发动奇袭。通常的做法是,当发现目标时,各舰艇便从对方护卫舰队的间隙或侧翼隐蔽地穿过去,躲过其火力打击屏障,向目标靠近。白天,各舰艇在四面八方占领有利攻击阵位,隐蔽在水下,夜间升出水面,向目标发射鱼雷。"狼群战术"因此而得名。

1938年9月,英国"雅典娜"号客轮悠闲地行驶在大西洋上。船上的旅客正沉浸在平静而安逸的旅行中。突然,他们听到了几声巨响,并感到了强烈震荡。一刹那间,客轮上油烟滚滚。海水涌进了船舱。几分钟后,"雅典娜"号客轮开始下沉并最终葬身海底。成为德国海军狼群战术的首个牺牲品。

在二战爆发前的时间里,邓尼茨潜心研究一战经验,进一步从理论上完善了自己独创的狼群战术。二战伊始,邓尼茨便率领德国海军以狼群战术称霸大西洋，致使盟军商船遭受巨大损失，后勤补给线遭到严重破坏。邓尼茨也因为"狼群战术"的成功而成为希特勒最得力的干将之一。他的职务一路攀升，先后升为舰艇司令、海军司令，最后还被指定为元首的接班人。

然而，邓尼茨同样被眼前的胜利禁锢了头脑，醉心于自己的战术而忽视了再创新，导致德国海军的战术在多年的海战中如出一辙。而盟军则专门组织力量来研究对付狼群战术的有效战法，派出规模庞大的反潜飞机和潜艇，灵活采用"狙击""围歼""诱杀"等手段来肢解"狼群"，尤其是将雷达配备给搜索德国潜艇的部队之后，德军潜艇的损失越发严重。而邓尼茨无视盟军侦察预警能力的提高，依然在大西洋上集结庞大的潜艇群，打算彻底切断盟军在大西洋上的运输线。

1943年5月，邓尼茨赖以成名的"狼群"终于遭到毁灭性打击——他的王牌潜艇在一个月内被击沉30多艘。狼群战术宣告失败。

敦刻尔克大撤退

1940年5月26日至5月4日，英国海军部下达执行"发电机"计划，即敦刻尔克撤退行动，将被围困在法国敦刻尔克港口几十万远征军，安全地撤往英国。这是战争史上组织得比较成功的一次大撤退。

5月初，英国远征军和法国军队、比利时军队，在比利时境内与德军激战失利。10日，德国A集团军群，经过卢、比边境的阿登山区向法国突进，绕过法国著名的马其诺防线的背后，强渡马斯河，直插英吉利海峡，分割了盟军在比利时和法国北部的重兵集团。随后，德国A集团军群以装甲部队转而北上，协同B集团军群，将盟军约40个师包围在法国边境敦刻尔克地区。盟军三面受敌，一面临海，处境十分危险，命在旦夕。

5月24日，奇迹出现了。希特勒向德军下达了"停止前进"的命令，企图在法国进行第二阶段作战中保存装甲部队的实力，主要依靠空军摧毁集中在敦刻尔克地区的盟军。德军停止前进，使盟军有机会重新集结，组织起有效的防御，挡住德军装甲部队的进攻。

当时，德军从西、南、东三个方向对敦刻尔克实行包围，距离最近的装甲部队离这个港口仅10英里（英美制长度单位，1英里合1.6093公里）。然而，5月24日，德军却接到了希特勒亲自下达停止前进的命令。这使德军将领大惑不解，古德里安仰天长叹。敦刻尔克唾手可得，却被命令停止前进。而德军空军却在进攻。希特勒当时出于几种考虑，第一，法国北部的战事明朗，德军需要为下一步作战行动保存装甲部队实力。第二，空军元帅戈林向希特勒保证他的空军可以消灭囤积在敦刻尔克的联军。第三，敦刻尔克地势遍地沼泽和低洼，不利装甲部队前进，没有必要让装甲部队遭受损失。德军总司令部曾计划由B集团军群统一完成最后包围的作战。第四，联军的反击效果不大，但是，加重了部分德军高级指挥官对装甲部队损耗的担心。希特勒在走访了A集团军群司令部后，认为有必要让突前的装甲部队停止前进，阻挡敌军突围。同时，对于装甲部队受困于敦刻尔克外围的河道纵横地带从而陷入阵地战，无法快速阻截英法部队撤退的担心，也深深地压在德军最高统帅部的心头。

于是，当命令下达后，英法联军在德军B集团军群的压迫下向敦刻尔克撤退，而截断他们退路的A集团军群距离敦刻尔克更近，却在敦刻尔克以西的运河地区停止进攻，并没有集结兵力沿着海岸包抄，英法联军抓住了这个机会。联军加强敦刻尔克接近地的防御阵地。虽然在5月27日，德军装甲部队为阻止英法联军从敦刻尔克撤退恢复了攻势，但是，他们面临敌人有组织的防线无法快速突破。希特勒的命令和英法联军的防御阵地成功地延迟了德军进攻，并且为部队撤离敦刻尔克赢得更多时间。

5月26日，英国开始执行"发电机"计划，即从敦刻尔克撤退。英国内动员了一切能够渡海的工具，不论是军用的还是民用的，包括海军的舰船、运输船、捕鱼船、小帆船等各类船只850多艘，冒着德军的狂轰滥炸，往返于英吉利海峡运送盟军。

当日晚，撤出1000多人到英国本土，27日，7600多人；28日，1.78万人；29日，4.73万人；30日，5.38万人；31日，6.8万人。6月1日，在德国空军进行最猛烈的一次空袭，炸沉英国驱逐舰3艘和一些小型运输舰的情况下，仍有6.44万人撤出。

6月2日，德国炮兵已能轰击港口，故白天不得不停止撤退。2日和3日夜间，余下的英国远征军和部分法军共5.3万多人成功地撤出。4日凌晨，法军2.61万人顺利撤出。4日上午9时40分，德第18集团军占领敦刻尔克，未能撤出的法军4万人成了俘虏。下午2时23分，英国海军部宣布，"发动机"计划业已完成。

从5月26日至6月4日，敦刻尔克大撤退历时9天，实际上是5月26日、6月2日和3日共3个晚上，5月27日至6月1日共5个全天，总共有338226人撤回英国，其中英军约21.5万人，法军约9万人，比利时军约3.3万人。这些部队撤离时将重装备全部丢弃，带回英国的都是随身步枪和数百挺机枪。在敦刻尔克的海滩上，英法联军共丢弃1200门大炮、750门高射炮、500门反坦克炮、6.3万辆汽车、7.5万辆摩托车、700辆坦克、2.1万挺机枪、6400支反坦克枪以及50万吨军需物资。

在撤退过程中，英法联军有4万余人被俘，死伤2.8万余人，这些伤亡人员中，有的是在抗击德军进攻坚守至关重要的防线时战死的，有的是在海滩等待上船时丧生在德军空袭和炮火下，还有的是在海上随着被德军击沉的船只而葬身大海。

英国共动员了861艘各型船只投入撤退，有226艘英国船和17艘法国船被德军击沉。

英国空军为了掩护撤退，总共出动2739架次战斗机进行空中掩护，平均每天出动300架次抗击德军空袭，9天内英军损失飞机106架，英军战斗机和地面高射炮火击落德国飞机约140架。另有一艘名为"兰开斯特里亚"号豪华邮轮，征用为撤退军事运输船，被德军炸沉，死亡至少3500名英军士兵。其死亡人数多过"泰坦尼克"号死亡人数。英国政府事后封锁信息数十年。

敦刻尔克撤退结束后，英国首相丘吉尔在下议院发表演讲：我们必须极其小心，不要把这次撤退蒙上胜利的色彩，战争不是靠撤退来取胜的。德国人拼命想击沉海面上数千艘满载战士的船只，但他们被击退了，他们遭到了挫败，我们撤出了远征军！欧洲大片的土地和许多古老著名的国家，即使已经陷入或可能陷入秘密警察和纳粹统治的种种罪恶机关的魔掌，我们也毫不动摇，毫不气馁。我们将战斗到底。我们将在法国作战，我们将在海上和大洋中作战，我们将具有愈来愈大的信心和愈来愈强的力量在空中作战；我们将不惜任何代价保卫我们的岛屿；我们将在海滩上作战；我们将在敌人登陆地点作战；我们将在田野和街头作战；我们将在山区作战；我们决不投降。即使这个岛屿或它的大部分被征服并陷入饥饿之中，这是我一分钟也没有相信过的，我们在海外的帝国臣民仍要英国舰队的武装保护之下，继续战斗，直到新世界在上帝认为适当的时候用它全部的力量和能力，来拯救和解放这个旧世界。

奇袭塔兰托

塔兰托位于意大利靴形半岛的后跟部，是意大利主要海军基地。二战开始后，英国海军计划打击意大利舰队的有生力量，坎宁安上将决定利用舰载航空兵，对塔兰托港进行空袭。为了达到空袭的效果，英国海军安排了一系列迷惑意海军的活动，包括分散了意大利海军的注意力，使他们加紧对地中海西部的巡逻。

1940年7月15日，意大利战列舰"杜伊里奥"号完成了现代化改装。8月2日，新型战列舰"利托里奥"和"文内托"号编入舰队，它们是意大利最优秀设计家和卓越工艺的杰作，标准排水量43835吨，装备381毫米大炮9门，航速达30节，在当时是最快的战列舰，这样，意大利海军的力量得以加强。

为尽快消除意大利舰队对英国地中海护航运输船队的威胁，坎宁安制定了袭击意军港塔兰托的计划，并开始筹划实施。

11月初，从马耳他起飞的美制马里兰式双发远程侦察机拍来了照片。从照片上看，意海军的战列舰停泊在格兰德港，而巡洋舰、驱逐舰停泊在皮克洛港。港四周有300门高射炮，探照灯和阻塞气球,港中还没有防雷网,防御十分严密。

空袭原定由"光辉"号和"鹰"号2艘航母搭载的"剑鱼"机进行,但"鹰"号在7月曾被1枚流弹损伤,抢修后勉强航行几个月,再也无法坚持了,只好回国大修,它的5架"剑鱼"被转载到"光辉"号上。这使得突袭的飞机比原计划减少了6架,执行计划的作战飞机只有24架"剑鱼"。为了增加航程,3座位的"剑鱼"只能乘2人,空出中间座位加装一个270升的油箱。

攻击舰队于11月6日13时从亚力山大港出航,在航行途中,又有3架"剑鱼"在反潜巡逻飞行中坠落。

11日18时,"光辉"号在4艘巡洋舰和4艘驱逐舰护卫下,离开战列舰主力编队,开往阵位。

19时30分,"光辉"号到达阵位,此处距塔兰托170海里。利斯特少将命令舰载机出发,19时45分,"光辉"号增速到28节,逆风急使,第一攻击波12架"剑鱼"机飞离甲板,在指挥官威廉森海军少校的率领下,组成4个箭形小队,在明亮的月色下,向塔兰托飞去。在第一波飞机中,6架各挂1枚545公斤鱼雷,4架各挂6枚112公斤炸弹,还有2架各少挂2枚炸弹,加挂16枚照明弹。由于沉重的外挂物,机群的时速刚刚超过140公里。

夜晚月明云薄,经3个小时飞行,塔兰托希望,"剑鱼"机离军港还有30海里,意大利高射炮已喷出火舌,天空布满火网。攻击在23小时开始，12架"剑鱼"从海洋方向冲进港口，意军探照灯的光柱不停地转动，红、黄色曳光弹像喷发的火山。2架"剑鱼"机投下照明弹，悬在小降落伞下的照明弹使港口耀如白昼，它们又轰炸了油库。鱼雷集群从阻塞气球的钢索间穿掠而过，迎着刺目的探照灯光和密集的弹雨，向格兰德港内的战列舰冲去。威廉森少校带领一个机组首先攻击，他投下的鱼雷命中了"加富尔"号，不幸的是他在向右爬升退出时，座机中弹坠落，另外2架飞机的鱼雷没有命中目标。另一组3架飞机投下的鱼雷有2枚击中"利托里奥"号的首部右舷和尾部左舷。4架"剑鱼"机攻击了皮克落港内的军舰和水上飞机基地。当第一波撤出战斗后，港内高射炮还在怒吼。

  第二突击波的9架"剑鱼"机在21时20分起飞，由于L5F号机在起飞时撞坏，L5Q号机起飞后不久因副油箱脱落而返回航母，指挥官黑尔少校只能率7架飞机向目标飞去。这次机群先飞进内陆再转向塔兰托港，由于港内大火熊熊，目标看得一清二楚。23时55分，2架"剑鱼"机以15秒间隔，供投下22枚照明弹。5架鱼雷机连续攻击战舰群，1枚鱼雷机命中"利托里奥"号左舷下部，1枚鱼雷在"利托里奥"1、2号弹药库间爆炸。E4H号飞机在投雷时被击落。起飞时撞坏的L5F号飞机花20分钟抢修好后又飞起刚来参展，它炸中了巡洋舰"塔兰托"号。空袭持续了1个多小时，12日凌晨，最后一架"剑鱼"机返回"光辉"号。

塔兰托战役取得重大战果，英国航母上的舰载机用了1个多小时击沉意大利战列舰1艘，重创2艘，击伤意大利巡洋舰及辅助舰各2艘，英军只损失2架飞机。充分显示了航空母舰在现代海战中的巨大作用。

狙击"俾斯麦"

"俾斯麦"号战列舰是纳粹德国海军的"俾斯麦"级战列舰的一号舰,是第二次世界大战时德国所建造的火力最强的王牌战列舰。舰名来源是19世纪德国铁血首相奥托·冯·"俾斯麦"。

该舰早在20世纪30年代就开始设计,原计划在英德海军协定的限制内建造35000吨级的战斗舰。但是,时任德国海军司令的埃里希·雷德尔认为35000吨级的军舰无法满足德国的需要。因此,德国人秘密研究建造更大的战列舰。

当法国新一代敦刻尔克级战斗舰开始建造后,德国为了同法国海军抗衡,决定建造排水量40000吨以上的超级战列舰,当时的代号是"G"。"G"号战斗舰在1936年7月1日在汉堡布洛姆·福斯造船厂安放龙骨,该舰随后被命名为"俾斯麦"号。其后,"俾斯麦"号在1939年2月14日下水、在1940年8月24日正式服役。首任舰长为冈瑟·吕特晏斯海军中将。

"俾斯麦"号服役时,标准排水量为41700吨,超过英德海军协定规定的35000吨限制。满载排水量超过50000吨。相较于其他的战列舰,"俾斯麦"号因受基尔运河水深限制而显得比较宽，使它可在波涛汹涌的北大西洋上稳定地航行。另外，载油量较大令其可参与类似太平洋上的远洋作战行动。

其主炮为双连装8门52倍口径380毫米/SKC34炮，其主炮射速很高，射速为3发/分，这是同期战列舰的最高水平；主炮塔采用前后对称呈背负式布局，舰桥前后各布置两座，射程亦不低于纳尔逊级的45倍口径16英寸主炮，性能在当时很先进。主炮穿甲弹采用"高初速轻型弹"，在中近交战距离拥有很好的威力，但远距离著靶存速性能相应降低。其装甲防护沿用全面防护的设计模式，拥有同期战列舰中的最大防护尺度，主装甲堡侧壁覆盖了70%的水线长度和56%的舷侧高度，同时装甲总重量达到同期战列舰中的最大比重，占标准排水量的41.85%。此外，该舰在实现大防护尺度的同时，依赖大防护尺度提供的空间补偿，将主水平装甲安排在第三层甲板，让其与主舷侧装甲同时重叠在弹道上，使舰体要害部位的防护也得到了很大强化，超越同期建造的其他战列舰。它的鱼雷防御系统设计为抵御250千克TNT的水下爆破，实际上却可以抵御400千克德国造烈性炸药（德国当时使用的制式鱼水雷用装药，由60%TNT与40%六硝基二苯胺组成，其威力约相当于纯TNT的107%。巴掌的译文将其误译为C4的主要成分黑索金，结果令"俾斯麦"号的水下防御能力凭空增长了至少三分之一）。

"俾斯麦"号的装甲材料也十分优秀，根据战后美国弗吉尼亚海军基地的测试，"俾斯麦"级的装甲抗弹性能大约是美国依阿华级战列舰装甲的115%—120%，而日本大和级的装甲抗弹性能只有美国装甲的84%。坚固的焊接舰体和优质的装甲保护，以及30.8节的航速，令"俾斯麦"号能有效地吸引及相当程度上应付任何敌军战列舰。其主炮的威力亦可轻易地摧毁遇到的敌方护航运输队。以上条件可使"俾斯麦"号突破并进入大西洋的广阔水域，由德国油轮负责补给燃料，逗留在大西洋并攻击敌方护航运输队而不被英国及美国的航空器、潜艇及军舰发现。

"俾斯麦"号唯一一次任务是1941年5月18日实行的莱茵演习行动，伴随其出航的有重巡洋舰"欧根亲王"号。舰队由吕特晏斯海军上将指挥。德军的目标包括：尽量袭扰盟军的船舶以使英军暂缓派出护航运输队，令双方在地中海及北非的势力暂时平均；转移地中海的英国皇家海军力量令隆美尔及其部队由克里特岛入侵利比亚的计划风险减低。英国海军部早已怀疑德军会突破大西洋壁垒，而"俾斯麦"号已经出发的消息也被情报机关解密，并予以证实。与此同时，瑞典巡洋舰"哥得兰"号也已发现"俾斯麦"号的行踪。

在3日后，"俾斯麦"号于接近卑尔根的挪威格里姆斯塔峡湾下锚时，被喷火式侦察机发现并拍下照片。皇家海军的战列舰及其他军舰随即做好部署，密切留意"俾斯麦"号进入大西洋时将会途经的各条航线。

"俾斯麦"号先取北航向，再取西北航向，成功平安无事地穿过挪威海，向格陵兰方向前进，驶向冰岛与格陵兰之间的丹麦海峡，即大西洋入口。由于舰队的航线距离北极圈很近，因此，英国航空侦察没有发现德国人。由于，德国人的主要目标是运输队，吕特晏斯希望能在浓雾的帮助下悄悄地突入大西洋。

5月23日傍晚，德军被配备有雷达的重巡洋舰"萨福克"号及"诺福克"号发现，当时，两舰正在丹麦海峡巡逻，期待德军的突破。对方舰只在短暂交火后，英军巡洋舰自知不是对手，被迫释放烟雾并退往德军的射程范围外，以雷达尾随德军。同时，"俾斯麦"号主炮射击产生的巨大震动导致桅杆上的凝结冰脱落砸坏其雷达，迫使吕特晏斯命令"欧根亲王"号行驶至舰队前方，为舰队提供前方的雷达搜索。这个决定使英军在其后的攻击中分不清哪艘是"俾斯麦"号战列舰，因为2艘德舰自身的轮廓十分相似，舰身喷涂的伪装也一样。

5月24日，星期日，凌晨5时，德军舰队准备离开丹麦海峡，"欧根亲王"号的声呐探测到在左舷处有2艘未判明舰只。德舰立即做好了战斗准备。英国拦截舰队包括刚完工的"威尔士亲王"号战列舰及"胡德"号战列巡洋舰，由兰斯洛特·霍兰海军中将指挥。英国编队由"胡德"号打头阵，"威尔士亲王"号殿后。"胡德"号被视为皇家海军的骄傲，是当时世界上最大的战列巡洋舰，但其弱点是甲板装甲相当薄弱。霍兰中将命令己方舰首对准德舰,以图尽快缩短双方距离。因为他知道"胡德"号的甲板装甲很薄弱,而假如炮战中双方距离超过10000码的话,敌方的炮弹就很可能会落到己方军舰的甲板上,反之则会落到装甲带上。

5时49分,霍兰命令向德军领头舰——"欧根亲王"号开火,因为英国人误将"欧根亲王"号当成了"俾斯麦"号。"胡德"号在5时52分主炮抢先开火,"威尔士亲王"号随后也向"欧根亲王"号开火。直到打了两轮齐射后,霍兰才发现攻击的目标是错误的,立刻命令将火力转向"俾斯麦"号,但已浪费了很多时间,并造成了一些混乱。当时双方距离大约为12.5英里,约10.9海里。

5时55分,德国编队开火还击,集中火力攻击"胡德"号。由于英舰的错误判断,所以一开始炮击时并未命中德舰,反观德舰就没有犯这种错误,所以炮弹不断准确地向英舰射去。尽管霍兰拥有比德舰更强大的火力,但战场形势对吕特晏斯有利——由于英国战舰舰首正对德舰,"胡德"号和"威尔士亲王"号分别只能使用4门和6门前主炮,而德国军舰却能使用全部火力向英国人还击。此时"俾斯麦"号发射第三次齐射,命中"胡德"号中部,造成救生艇甲板产生火灾,并迅速蔓延。霍兰中将此时意识到己方处于不利地位,于是命令左舵20度,以发挥全部火力。

6时整,"胡德"号刚完成转向,"俾斯麦"号进行第五次齐射，一发炮弹贯穿了"胡德"号的薄弱的甲板装甲，引爆了主弹药库。"胡德"号瞬间折成两半，迅速沉入海中，包括霍兰中将在内的1418名官兵阵亡，仅有3人获救。德舰立刻将炮火指向"威尔士亲王"号。该舰舰桥遭一发15英寸（1英寸等于2.54厘米）炮弹击中，除舰长与一名信号兵外所有舰桥人员阵亡。另外各处遭4发15英寸炮弹及4发8英寸炮弹击中，舰体受重创，数门主炮因故障与战损而无法发射，在重伤之下失去战斗力，被迫退出战斗。

德国人也为胜利付出了一些代价。"俾斯麦"号中弹3发，位于舰艏的2号燃料槽受损破裂，同时舰艏接近吃水线的位置被击破，不仅泄漏出大量重油，还使航速降低至28节。但其损伤相较于英国人的惨重损失实在微不足道。在这场战斗中"俾斯麦"号技术上的优势非常明显，以至于在不到10分钟内便击沉了皇家海军最引以为傲的军舰之一。

英国人很快确定了"俾斯麦"号的位置，并集结了大量的军舰前来围击，包括约翰·托维上将指挥的本土舰队及詹姆斯·索默维尔中将指挥的地中海H舰队。

5月24日，"俾斯麦"号遭到从胜利号航空母舰上起飞的"剑鱼"式鱼雷轰炸机的攻击，被命中1枚鱼雷，但仅造成轻微损伤。随后，"欧根亲王"号继续前进，进入大西洋，"俾斯麦"号则转向前往法国圣纳泽尔以修理损伤。其后，英国人差点失去了同"俾斯麦"号的接触，但"俾斯麦"号舰长向本土发了份电报，该电报被英军截获，从而使英军再次确定了"俾斯麦"号的位置。

5月26日，"俾斯麦"号再遭"皇家方舟"号航空母舰的"剑鱼"式鱼雷轰炸机空袭，舰体被3枚鱼雷击中，其中1枚击中舰尾，沉重的结构受到损坏后向下压迫到舵机，导致"俾斯麦"号的舵角卡死在15度角的位置。在海流和风的影响下，"俾斯麦"号只能向固定方向前进，这使"俾斯麦"号已无法回避英国舰队的攻击，而且，速度下降，也很难控制航向。

5月27日晨，英军的主力追击舰队赶到，包括"英王乔治五世"号与"罗德尼"号战列舰及巡洋舰、驱逐舰，用炮弹、鱼雷轮番对操纵失灵的"俾斯麦"号进行轮番攻击。8时左右，"俾斯麦"号进入战列舰大炮射程，两舰迅速接近，并用其16英寸及14英寸主炮轰击"俾斯麦"号。"俾斯麦"号在由于舵机失灵，航向不定，前后火控站先后被击毁，在前20分钟内舰艉的2门主炮就先后报废，导致还击效果不佳。事实上，从战斗开始，到战斗结束，"俾斯麦"号一直只攻击"罗德尼"号，但直到最后也没能击中重要部位。"俾斯麦"号被最少数十枚，甚至上百枚大口径穿甲弹以及数百枚小口径炮弹击中，加上至少1枚鱼雷。据悉，最后的一枚16英寸炮弹是在大约3000码的极近距离下发射的。可是，直到10时25分"俾斯麦"号仍然没有沉没，引擎仍在运转。在没有希望的情况下，德国人开始自行炸沉军舰以避免被俘获。英国"多塞特郡"号重巡洋舰随后在近距离发射了3枚鱼雷,全部命中。

10时36分,"俾斯麦"号终于沉没于布雷斯特以西400海里水域。"永不沉没的战舰"沉没了,大西洋海成为它的水下坟墓。在整个狙击战役中,皇家海军派遣了大量军舰前往拦截"俾斯麦"号,包括多达8艘战列舰及战列巡洋舰,和2艘航空母舰,其总和达到了皇家海军约半数的力量,才最终将"俾斯麦"号击沉。英军指挥官托维上将在战斗后说:"就像一战时的德意志帝国海军一样,"俾斯麦"号进行了一次最勇敢的战斗,抵抗着数倍于己的敌人,以至于在它沉没时,它的旗帜还在飞扬。"

偷袭珍珠港

日本偷袭珍珠港是日本为发动太平洋战争而对美国太平洋海军舰队基地——珍珠港进行的一次有准备的海上进攻战役。

珍珠港位于风景秀美的夏威夷群岛瓦湖岛的南端,地理位置十分重要,美国太平洋舰队自1940年开始把珍珠港作为海军军事基地。

第二次世界大战爆发以后,日本军国主义侵略扩张的野心不断膨胀,德国在欧洲的侵略势头,更加刺激了日本的侵略扩张的野心。日本在占领法属印度支那后,企图继续向南方扩张,1941年9月3日,在陆海军取得一致意见后,御前会议通过了《帝国国策实施要领》,即通过外交谈判得不到美英谅解,便决心与美英开战,用战争手段解决问题。谈判的最低条件是:(一)美英不得干涉或妨碍帝国处理中国事变;(二)美英在远东不得采取威胁帝国国防的行为;(三)美英须协助帝国获得所需物资。之后,由于在对美是否开战的问题上政府和军方产生了严重分歧,近卫内阁迫于军方的压力,决定总辞职。

1941年10月18日,东条英机受命组阁,东条英机任首相兼陆相和内相。至此,日本最终完成了以发动侵略战争为宗旨的天皇制法西斯军国主义体制。东条内阁成立后，先后8次召开政府和大本营联席会议，制定了新的《帝国国策实施纲要》，决心对英美荷开战。11月初，日军已完成太平洋战争的作战部署，决心实施预谋已久的偷袭美国珍珠港的计划。

当时，日军空袭部队指挥官为南云忠一海军中将，旗下包括"赤城"号、"加贺"号、"苍龙"号、"飞龙"号、"翔鹤"号、"瑞鹤"号共6艘航母，任务目标是出动舰载机攻击停泊在珍珠港的美军战列舰和航母。

警戒部队的指挥官为第一驱逐舰战队司令大森仙太郎海军少将，编制内有"阿武隈"号轻巡洋舰和"谷风"号、"浦风"号、"滨风"号、"矶风"号、"不知火"号、"霞"号、"霰"号、"阳炎"号和"秋云"号9艘驱逐舰，负责为空袭部队和补给部队提供警戒防御任务。

支援部队的指挥官是第三战队司令三川军一海军中将，下辖"比睿"号、"雾岛"号2艘战列舰和"利根"号、"筑摩"号2艘重巡洋舰，负责为空袭部队提供水面支援，主要对付美军的大型水面舰艇。

巡逻部队的指挥官是第二潜艇大队司令今和泉喜海军大佐，他的部队包括"伊-19"号、"伊-21"号和"伊-23"号3艘潜艇组成，在编队航线前方航行，负责侦察警戒任务。

中途岛破袭部队的指挥官为第七驱逐舰大队司令小西要人海军大佐，由"潮"号、"涟"号2艘驱逐舰和"尻矢"号补给舰组成，任务是以炮击牵制中途岛美军。

补给部队由"极地"丸"极东"丸、"健洋"丸、"国洋"丸、"神国"丸、"东邦"丸、"东荣"丸和"日本"丸等多艘油船组成，负责为编队进行海上加油。

先遣编队指挥官为第六舰队司令清水光美海军中将，他麾下部队包括：指挥第一潜艇部队的第一潜艇战队司令佐藤勉海军少将，统领"伊-9"号、"伊-15"号、"伊-17"号、和"伊-25"号4艘潜艇，在瓦胡岛东北展开，攻击美军可能出动反击的舰艇。

由第二潜艇战队司令山崎重晖海军少将指挥的第二潜艇部队，下辖"伊-1"号、"伊-2"号、"伊-3"号、"伊-4"号、"伊-5"号、"伊-6"号和"伊-7"号7艘潜艇，在瓦胡岛与考爱岛、莫洛凯岛之间的考爱海峡、卡伊威海峡展开，监视并等待命令猎捕美军。

第三潜艇战队司令三轮茂义海军少将指挥的第三潜艇部队，包括"伊-8"号、"伊-68"号、"伊-69"号、"伊-70"号、"伊-71"号、"伊-72"号、"伊-73"号、"伊-74"号、"伊-75"号9艘潜艇，在瓦胡岛以南海域展开，对美军可能进行的反击予以遏制。

还有特别攻击部队：指挥官为第三潜艇大队司令佐佐木半九海军大佐，下辖"伊-16"号、"伊-18"号、"伊-20"号、"伊-22"号和"伊-24"号5艘潜艇，各携带一艘袖珍潜艇，在空袭前将袖珍潜艇放出，由袖珍潜艇自行潜入港内，在第一攻击波开始后乘乱从水下发射鱼雷进行攻击。

要地侦察部队：由2艘潜艇组成，"伊-10"号侦察斐济、萨摩亚群岛，"伊-26"号侦察阿留申群岛。

先遣部队的补给由"隐户"丸"东亚"丸"新玉"丸"第二天洋"丸"日立"丸"富士山"丸6艘油船组成，部署在本土和夸贾林群岛，为先遣部队的潜艇提供燃油补给。

日军偷袭珍珠港的部队，于12月7日晨，秘密进抵太平洋上瓦胡岛以北230海里的海域。这支海上机动部队由日本海军联合舰队所属的第一航空舰队为主编成，共有航空母舰6艘、舰载机382架、战列舰2艘、重巡洋舰2艘、轻巡洋舰1艘、驱逐舰11艘、大型潜艇3艘。在攻击珍珠港时，第一波飞机183架，其中水平轰炸机49架、鱼雷机40架、俯冲轰炸机51架、制空战斗机43架，从瓦胡岛西部进入。第二波飞机171架，其中水平轰炸机54架、俯冲轰炸机81架、制空战斗机36架，从瓦胡岛东部进入。

1941年12月7日清晨，珍珠港内的大部分官兵们带着周末的狂欢正酣睡在梦乡中。在它北方的230海里处出现了日本的一支庞大舰队，6时多，183架鱼雷机、轰炸机和战斗机从航空母舰上起飞，风驰电掣般地向珍珠港飞去。7时刚过，设在奥帕纳山岗雷达站上的2名新兵从雷达屏幕上清晰地发现了密密麻麻的闪闪发光的斑点，经过细细调测，确认是一支正向珍珠港方向扑来的强大机群，他们立即向情报中心值班的泰勒中尉报告。正陶醉于夏威夷音乐中的泰勒，听了报告后，想到曾有通报说一艘航空母舰正在出动，并且西海岸还将有一批轰炸机转场来夏威夷，没有经过核对就说："伙计，用不着担心，那是我们自己的飞机。"

7时55分，日本海军第一波183架的机队气势汹汹地飞临毫无准备的、正充满假日气氛（因为这一天是周日）的珍珠港上空，每架飞机都按照预先制定好的计划，凶猛地向美军的机场、防空阵地、舰船扑去。顷刻间，炸弹如雨般地飞溅，浓烟遮天蔽日，烈焰冲天……而此时，在"内华达"号战列舰上，美国的麦克米伦正指挥着军乐队，按规定准备奏美国国歌，举行升旗仪式。他们做梦也没有想到这是日军的偷袭，还以为这铺天盖地的炸弹是美国进行的一次特别军事演习呢。8时55分，日军第二波飞机171架飞机紧接着飞临上空又狂轰滥炸一番。

整个空袭进行了约2个小时，只有极少的一部分美军进行了还击，日军只损失飞机29架、潜艇和特种潜艇6艘、人员100名。而美国太平洋舰队停在港内的战列舰有4艘被击沉，1艘受重创，3艘被炸伤，巡洋舰、驱逐舰有10多艘被炸沉炸伤，美军的飞机约有188架被炸成一堆堆的废铜烂铁，机场全部被毁坏，3500余名美军被击毙击伤，港内美军力量丧失殆尽，一片凄惨景象。

珍珠港的空前劫难，使美海军遭受了有史以来最惨重的损失。美国人醒悟了，罗斯福总统将1941年12月7日定为"国耻日"。12月8日，美国对日本宣战。接着，英国、澳大利亚、荷兰等20多个国家也对日本宣战，太平洋战争从此拉开了序幕。

珊瑚海海战

珊瑚海位于太平洋西南部海域，澳大利亚和新几内亚以东，新喀里多尼亚和新赫布里底岛以西，所罗门群岛以南。南北长约1400英里，东西宽约1500英里，面积188.6万平方英里。南连塔斯曼海，北接所罗门海，东临太平洋，西经托里斯海峡与阿拉弗拉海相通。其南纬20度以北的海底主要为珊瑚海的海底高原，高原以北是珊瑚海海盆。南所罗门海沟深24002英尺（1英寸等于0.3048米），新赫布里底海沟深25134英尺。珊瑚海因有大量珊瑚而得名，其中以大堡礁最著称，沿澳大利亚东北岸延伸，长达1200英里。珊瑚群岛分布在珊瑚海领域，陆地面积仅几平方公里，无人居住。

1942年初，日军联合舰队还沉浸在偷袭珍珠港的胜利中。第一阶段的任务已超额完成，但第二阶段的任务还没有最终确定。在日本看来，美国的经济潜力虽然巨大，但转入战时生产还需要一个过程，他们预计美国1943年夏季才可能组织反攻，而日本完全有时间进一步推进战线，扩大防御圈。控制澳大利亚就是这一战略的反映。

日本陆军、海军一致认为澳大利亚将是英美借以反攻的最大据点，但是，由于深陷中国战区，日本陆军根本无法登陆澳大利亚，唯一可行的选择将是切断其与珍珠港的联系。

1942年2月初，日军占领了澳大利亚东北的"俾斯麦"群岛的拉包尔基地，3月初占领了新几内亚的莱城、萨拉莫阿。按计划随后即应对图拉吉和新几内亚东部的莫尔比兹港实施登陆。但由于美国航母的活动，这一计划就被推迟了。直到4月底，第5航空战队（"翔鹤"号和"瑞鹤"号）、第5巡洋舰队（"妙高"号和"羽黑"号）从印度洋归来，回到特鲁克。进攻图拉吉和莫尔比兹港的计划随即开始。

1942年4月30日，第5航空战队、第5巡洋舰队和6艘驱逐舰作为机动部队从特鲁克出发南下，横于夏威夷和新几内亚群岛之间，伺机消灭盟军水面舰只。登陆掩护编队由"祥凤"号轻型航母、8艘巡洋舰、6艘驱逐舰组成。作为攻占莫尔比兹港的先头行动，4月28日从拉包尔出发的先遣登陆部队在"祥凤"号舰载机的掩护下于5月3日未遇到抵抗占领了小岛图拉吉。随后，5月4日，登陆部队主力从拉包尔乘14艘运兵船在6艘驱逐舰和1艘巡洋舰的掩护下浩浩荡荡驶向莫尔比兹港。完成图拉吉登陆掩护的"祥凤"号及掩护舰只向西航行准备与登陆部队汇合，同时，机动部队第5航空战队进驻珊瑚海。美军从缴获的情报分析出日军的战略动作，于是，作出了正面迎击日军的决策，美第17和第8特混舰队已先于日军机动编队进入珊瑚海。

双方兵力对比是这样的,日军总指挥为井上成美海军中将,其司令部设在特鲁克,掩护部队由轻型航空母舰"祥凤"号航母,4艘重巡洋舰"青叶"号、"加古"号、"衣笠"号、"古鹰"号,以及1艘驱逐舰组成,后藤有公海军少将指挥。战役目标为:4月28日,搭载着陆军南海支队从拉包尔出发,首先支援图拉吉登陆作战,尔后转而西进,前去支援莫尔兹比的登陆作战;机动部队由第5航空母舰战队的2艘大型航空母舰"瑞鹤"号、"翔鹤"号和第5战队的3艘重巡洋舰"妙高"号、"羽黑"号和"足柄"号及6艘驱逐舰组成。高木武雄海军中将指挥。航空母舰的航空兵作战由原忠一海军少将指挥。战役目标为:于4月30日和5月1日从特鲁克岛出发,支援莫尔兹比港登陆作战。此外,还有驻在拉包尔的90余架陆上攻击机。

美军总指挥为弗莱彻海军少将,下辖第17特混编队。其兵力部署是:由5艘巡洋舰("明尼阿波利斯"号、"新奥尔良"号、"阿斯托尼亚"号、"切斯特"号、"波特兰"号)和5艘驱逐舰("费尔普斯"号、"杜威"号、"法拉格特"号、"艾尔温"号、"莫纳根"号)组成突击舰队,金凯德海军少将担任指挥。支援大队,由3艘巡洋舰("澳大利亚"号、"芝加哥"号、"霍巴特"号)和2艘驱逐舰("帕金斯"号、"沃尔克"号)组成,格雷斯海军少将担任指挥。

航空母舰特混大队由2艘航空母舰("列克星顿"号舰长弗雷德里克·谢尔曼海军上校,"约克城"号舰长艾略特·布克马斯特海军上校）和4艘驱逐舰（"莫里斯"号、"安德森"号、"汉曼"号、"拉塞尔"号）组成,由奥布里菲奇海军少将指挥。

突击大队和支援大队的巡洋舰和驱逐舰为2艘航空母舰组成环形警戒区。

5月3日,当日军在图拉吉岛登陆时,弗莱彻将军的"约克城"号仍然在巴特卡普角以西100多英里的海面上休整。面对登陆消息,他兴奋地写道:"这是我们等了一个月的消息"。他立刻命令中断加油,以每小时26海里的速度,向北驶往所罗门群岛中部。

5月4日拂晓,"约克城"号航空母舰到达瓜达卡纳尔岛西南约100英里的海面,随后,美军特遣舰队的舰载机对日军登陆部队进行攻击,击沉日军驱逐舰1艘、扫雷艇及登陆艇数艘。随后,美舰队也向西莫尔比兹港进发。尼米兹后来对图拉吉战斗进行重新评估:"从消耗的弹药和取得的战果来比,这场战斗肯定是令人失望的。"这次袭击的另一失误是暴露了美军的实力,珊瑚海战役前,美国占有情报先机,袭击图拉吉暴露了美军兵力及意图,致使构成日军入侵主力的海军部队,大部分于5月4日撤离拉包尔向东迁回驶往莫尔比兹港。

5月5日、6日,由于海面云层遮挡,双方舰队互相搜索。

7日晨4时,在大概得知美舰队方位的情况下,日机动编队派出12架舰载机分为6组,在180度至270度方位之间,250海里距离内搜索敌人。

5时45分,向南搜索的日机报告:发现敌航空母舰、巡洋舰各1艘。

6时至6时15分,先后从"瑞鹤"号起飞零式战斗机9架、轰炸机17架、鱼雷机11架,从"翔鹤"号起飞零式战斗机9架、轰炸机19架、鱼雷机13架。共78架日机,击沉美驱逐舰及油轮各一艘。

与此同时,美军同样在寻找日海军主力,"列克星敦"号上的一架巡逻机发回报告:发现了2艘航母和4艘重巡洋舰。弗莱彻以为这是日军的航母部队,则决定以其全力实施攻击。由"列克星敦"号派出俯冲轰炸机28架、鱼雷机12架、战斗机10架,由"约克城"号派出俯冲轰炸机25架、鱼雷机10架、战斗机8架,共计93架舰载机先后飞向目标。飞到目标后,才发现是2艘轻巡洋舰和两艘炮艇,这是日军登陆的掩护部队,由于密码错误,被夸大成一支突击部队。

幸运的是,美军终于发现了被夸大了的舰队中值得攻击的目标:"祥凤"号航母。93架美国战斗机和轰炸机经过半个小时的轮番进攻,"祥凤"号已中了13枚炸弹和7枚鱼雷。井泽下令弃舰。几分钟后,"祥凤"号沉没,在这次攻击中,美军击沉日本海军的轻型航空母舰"祥凤"号和1艘巡洋舰。双方仍在迫切寻找对方主力舰只。

5月8日,日出前最后一个小时,珊瑚海200海里内,4艘航母在忙碌地进行着准备工作,而战争的命运注定彼此的侦察机将同时发现目标。

8时15分,美军飞行在最北边的侦察机发回报告:敌人的航空母舰特遣舰队在"列克星敦"号东北约175英里的海面上以每小时25海里的速度向南行驶。仅仅几分钟以后,美国航空母舰的无线电台收到了日本人兴高采烈的报告,显然表明他们自己也被发现了。随后,"约克城"号和"列克星敦"号共起飞15架战斗机、46架轰炸机和21架鱼雷机共82架飞机扑向日本舰队。105分钟后,美军突击机队发现"翔鹤"号和"瑞鹤"号正向东南方向行驶,2艘航空母舰之间相距8英里,各2艘重型巡洋舰和驱逐舰护航。

正当美国人利用宝贵的几分钟,在团团积云里组织进攻的时候,"翔鹤"号趁机出动了更多的战斗机,"瑞鹤"号则躲进下着暴雨的附近海面。向着严密防卫着的敌人舰队的航空母舰发起首次进攻的美国飞行员,面对真正的强敌时还是乱了阵脚。鱼雷机和俯冲轰炸机被"零"式战斗机冲散,相互间缺乏配合,且鱼雷发射后偏离目标,轰炸是盲目的。只有2颗炸弹击中"翔鹤"号,"翔鹤"号飞行甲板上因燃油泄漏起火。十多分钟以后,"列克星敦"号上的飞机赶来了,但是,厚厚的云层底下的敌舰能见度过低。使进攻受到进一步挫折。只有15架轰炸机发现了一个目标,可是,它们只有6架"野猫"式战斗机保护,很容易被"零"式战斗机冲散,鱼雷进攻再次失败，轰炸机只投中1枚炸弹。

当所剩的43架美军飞机返航时，却发现日本对手能够发动更有效的进攻。由于舰上装备有雷达，"列克星敦"号的战斗机指挥官在敌机仍然在东北方向70多英里的空中时，就能知道它们的位置，并下令起飞战斗机进行截击。但是，第5航空战队的69架舰载机在尚未受拦截之前已经分成了3个攻击队。日鱼雷机队首先飞临美舰"约克城"号。由于，该舰灵活地进行规避，日机的攻击未见成效。

但是，在环形警戒序列中的2艘航空母舰都在自行进行规避的结果，使这两舰之间的距离迅速拉大、警戒舰只也随之一分为二，从而削弱了对空防御，给日军飞机可乘之机。日机对"约克城"号左舷投射8枚鱼雷，均被该舰避开。在随后轰炸机队开始对"约克城"号俯冲投弹。有一枚800磅的炸弹击中了该舰舰桥附近的飞行甲板，但仍能继续战斗。日鱼雷机队攻击"列克星敦"号时，成功地运用了夹击战术，从该舰舰首的两舷、15—70米高度、1000—1500米距离投射鱼雷。"列克星敦"号由于吨位较大，回圈半径较大，转弯不灵活，日机投射的13枚鱼雷中有2枚击中该舰左舷，导致锅炉舱有多处进水。

"列克星敦"号正在拼命规避鱼雷时，日轰炸机队又开始对其进行攻击，又有2枚炸弹命中目标。这场遭遇战只持续13分钟，日本人飞走的时候，兴高采烈地报告他们替前一天"祥凤"号的失败报仇雪恨，毫不含糊地击沉了1艘"大型航空母艘"和1艘"中型航空母舰"。

实际上,"列克星敦"号尽管由于被鱼雷和炸弹击中,产生7度横倾,但该舰调整燃油之后,恢复了平衡,继续接纳返航的飞机着舰。同时为战斗机加油加强制空。但由于燃油泄漏,"列克星敦"号舰内突然发生爆炸,并引起大火,火势迅速蔓延,以至无法控制。

15时左右,舰长下令全体舰员离舰。17时许,费尔普斯号驱逐舰奉命对其发射5枚鱼雷,"列克星敦"号于17时56分沉没。已经降落到该舰的36架飞机也随之沉入大海。美第17特混舰队"约克城"号上虽然尚有轰炸机和鱼雷机27架、战斗机12架,可是因为夜晚能见度低的问题,弗莱切无意再战,率领舰队撤离战场。

第二天,"瑞鹤"号的飞行员为追击美舰再次进行侦察巡逻时,海上只有"列克星敦"号的残骸了。

珊瑚海海战是美日航空母舰编队在太平洋战场上首次交锋,也是日本发动太平洋战争后首次受挫。美国的积极应战,一方面迫使日军进攻莫尔比兹港,遏制了日军南进的势头;另一方面暂时解除了日军对新几内亚和澳大利亚的威胁。由于海战中日机损失惨重,以致进犯莫尔比兹港之日军既无空中力量掩护,又受盟军陆上基地轰炸机的骚扰,只得撤回拉包尔。

中途岛海战

1942年,日军在偷袭美国珍珠港成功后,计划夺取美国在中太平洋的海军基地——中途岛,企图为日本海军航空兵获得前进基地,继续向中太平洋和西南太平洋扩张,同时诱歼美国太平洋舰队,以保障日本本土和继续南侵时侧翼的安全。

5月5日,日本大本营海军部发布第18号《大海令》,批准山本五十六进击中途岛的计划,并为此计划的实施做了周密的准备工作。

为了实施这一计划,投入了它所能调集的最大海军兵力,计各型舰艇200余艘,舰载机700余架。南云舰队作为第一机动部队走在整个舰队的前面,拥有4艘航空母舰和16艘其他舰只。山本五十六率4艘航母和大批舰只的主力部队,支援南云的机动部队。海军中将近藤信竹率海军陆战队和陆军一木支队约3000人登陆进攻中途岛。

5月20日,日本联合舰队在柱岛和塞班岛锚地集结待命。

在日本调兵遣将积极备战时,美国太平洋舰队也在积极准备迎击日军。美军在中途岛水际滩头及周围水域布设水雷,加强了岛上守备兵力。美国太平洋舰队司令尼米兹组织了3艘航空母舰、8艘巡洋舰、16艘驱逐舰、舰载飞机233架，于6月2日到达中途岛东北200海里的海域隐蔽待机。在中途岛以西海域，还以19艘潜艇构成3条弧形警戒线，每天派飞机在600海里范围内巡逻，比较之下，日本的兵力显然占优势。但美军破译了日本海军的密码，对日本海军的行动一清二楚。

早在1942年1月，一艘日军潜艇在侦察澳大利亚达尔文港外海时，被美澳海军舰艇击沉，密码被缴获，而日本对此却没有察觉。这时，美国虽然大体上了解了日本的意图，但在日军大量电报中"AF"是否指的是中途岛，还不敢确定。美军破译小组故施诱饵，用浅显的英语拍发了一份明文电报：由于中途岛淡水设施发生故障，岛上淡水供应困难。果不出所料，日军向其统帅部发出电报，"AF"可能缺水。电报被美军截获，从而确认"AF"指的是就中途岛。

1942年6月3日凌晨，南云舰队集结在中途岛西南700海里的洋面上，被美军发现。当天下午，舰队遭到美军9架轰炸机的攻击，但未受重大损失，继续向中途岛行驶。

4日晨，美机在中途岛220海里处发现日军航母编队和正在飞往中途岛的108架飞机。岛上美军立即发出警报。当日军飞机来到中途岛上空时，美军基地的战斗机一窝蜂地扑了过来，一场激烈的空战，日军损失8架飞机，却打下了24余架美军飞机。但日军企图摧毁基地上的美军轰炸机的目的未能达到，岛上的机场空荡荡的，所有的飞机都疏散了，日军随即对中途岛进行第二次攻击。

由于日机未发现美国舰队，美岸基航空兵对日舰的威胁又未消除，南云遂将拟定攻击美军舰队的飞机俯冲轰炸机和鱼雷轰炸机已装上的鱼雷卸下，改装普通炸弹，前往中途岛实施第二次攻击。刚刚换装完毕，南云又接到侦察机的报告发现美军舰队。南云又决定换下炸弹装鱼雷、正在日本人忙得晕头转向，不亦乐乎的时候，在中途岛东北海面列阵设伏的美太平洋舰队向日本舰队发动攻击。

10时24分，当日舰上的战斗机刚刚装弹加油完毕，飞离甲板，美军"企业"号航母的33架"无畏"式轰炸机就飞临日舰队上空，他们分成两个编队对日本"赤城"号与"加贺"号航空母舰发动出其不意的进攻。美军轰炸机的3枚炸弹正好命中"赤城"号航空母舰。瞬间，随着震耳欲聋的声响，炸弹引爆鱼雷，赤城上空浓烟滚滚。同时，从"约克城"号起飞的17架"无畏"式轰炸机对苍龙号发动攻击，3艘航母先后沉没。

10时40分，由日军"飞龙"号航空母舰上起飞的战斗编队轰炸美军舰队。18架由"九九"式俯冲轰炸机和6架零式战斗机组成的攻击编队在飞向目标途中，发现了一批正在返航的美军轰炸机，便悄悄尾随，成功的找到了"约克城"号，并立即发动攻击。3枚炸弹命中"约克城"号，虽然"约克城"号遭到严重破坏，但是在美军船员的极力抢修下，航母恢复了航行能力。

13时40分，10架日军"九七"式鱼雷攻击机和6架"零"式战斗机又从"飞龙"号起飞，他们针对受伤的"约克城"号发起了第二次攻击。约克城被两枚鱼雷击中，左舷掀开两个大洞，舰舵受损。弗莱彻少将被迫转移到巡洋舰，并将指挥权移交给斯普鲁恩斯少将。

14时45分，美军侦察机发现日军"飞龙"号航空母舰，斯普鲁恩斯命令"企业"号、"大黄蜂"号航空母舰的30架"无畏"式轰炸机立即起飞攻击"飞龙"号。

15时整，美军"约克城"号的舰长巴克马斯特被迫下令弃舰。但是，"约克城"号并没有沉没，于是，美军又回到该舰上，试图由拖船拖向珍珠港。

16时45分，美军"企业"号航空母舰的轰炸机成功地攻击了日军在战区内剩下的唯一一艘航母——"飞龙"号。"飞龙"号命中4弹，甲板被毁。司令官和舰长随舰葬身海底。

6月5日2时55分，日本联合舰队司令山本五十六大将否决了首席参谋黑岛大佐提出的集中全部舰只在白天轰炸并登陆中途岛的挽回战局的方案，下令："取消中途岛占领行动"。并表示"所有责任由我一个人来担当，我回去向天皇陛下请罪。"他把自己关在会客室，三天拒绝会见部下。

6月5日夜间，日军2艘重巡洋舰"最上"号和"三偎"号在浓雾中转向时互撞，"最上"号重创，"三偎"号只好做其护卫。

3时50分，日军被迫放弃被摧毁的"赤城"号航空母舰，为了避免航空母舰落入敌手，山本命令驱逐舰发射鱼雷将其击沉。5时10分，无法挽救的"飞龙"号航空母舰被日军驱逐舰发射的鱼雷击沉。

6月5日晨，美军飞机接连轰炸负伤的日军巡洋舰"三隈"号、"最上"号。"三偎"号葬身海底，重伤的"最上"号逃出劫难，挣扎着驶回特鲁克的海军基地。

攻击结束以后，美军特混舰队随即撤离战场。

13时00分，日军I-168号潜艇发现了"约克城"号，立刻发射4枚鱼雷，2枚命中"约克城"号，1枚命中护航的"哈曼"号（DD-142USSHammann）驱逐舰，两舰相继沉没。

至此，中途岛战役落下帷幕。

中途岛海战，日军损失了4艘航空母舰、1艘重巡洋舰，飞机332架，以及3500名官兵。美军损失航空母舰1艘、驱逐舰1艘、飞机150架，士兵阵亡307人。中途岛一战使日本海军元气大伤，在东方战场上实力大大削弱，丧失了在太平洋发动大规模进攻的能力。从此，太平洋战局发生了重大转折，日本帝国主义被迫转入守势，在太平洋战场上盟军转入战略进攻。

瓜达尔卡纳尔岛争夺战

瓜达尔卡纳尔岛位于所罗门群岛的南部，是美澳海上交通线的要冲，控制该岛对于夺取太平洋战争的胜利，具有重要的战略意义。日军经过珊瑚岛和中途岛海战后，仍坚持南进，企图占领新几内亚和所罗门群岛。为此，专门成立了第17集团军。集结于新几内亚东部地区。瓜达尔卡纳尔岛争夺战是太平洋战争中的一场重要战役。其围绕瓜岛的争夺，日美双方在近半年的时间里进行过大小海战30余次，其中，对战局较为重要的海战就有6次，分别是萨沃岛海战、东所罗门海战、埃斯帕恩斯角海战、圣克鲁斯大海战、瓜达尔卡纳尔海战和塔萨法隆戈海战。他们对瓜达尔卡纳尔岛争夺战起到了极其重要的辅助。

1942年5月，日军占领了所罗门群岛中的图拉吉岛。

7月，又增派3000人的特遣部队，在所罗门群岛南部的瓜达尔卡纳尔岛登陆，并在岛上建设了机场等军事基地。美国为保障美澳交通线的安全，并建立反攻日本的基地，也决定夺取瓜岛。为了实现反攻计划，美军于5月12日专门组建了南太平洋舰队，其基本兵力为第61、第62特混编队。其中第61特混编队下辖3个特混大队，共有航空母舰3艘、战列舰1艘、巡洋舰6艘、驱逐舰16艘。第62特混编队，也下辖了3个特混大队，共有巡洋舰8艘、驱逐舰16艘，还有其他若干舰艇和地面部队2万余人。

1942年8月7日至1943年2月7日，双方在瓜岛展开了一场陆海空三军投入的残酷的夺岛会战。

岛上的机场是双方争夺的主要对象，而要通过海军占领岛，又必须通过铁底海沟这一"狭道"。9月13日，日军特遣队兵分三路：主力猛攻美国海军陆战队环形防线的后卫，第二支队伍从西面直逼机场，另一支队伍则在伦加岬登陆，从东面对亨德机场实施协同进攻，日本海军舰只停泊在海岸附近，用大炮向机场轰击。这是一场海上与陆地的联合进攻。夜幕降临，日军从密集的丛林中发起冲击，机关枪和模仿机关枪的爆竹声，在阵地前面、中间和后面爆炸，天上一闪一熄的照明弹，以及丛林里日军有节奏的"美国海军陆战队明天就死"的号叫声，给人一种"特殊类型"的恐怖。敢死队一批倒下，又一批冲上来，但是，由于美军有充分的准备，一场激战过后，日军留下600多具尸体，美军阵亡40多人。

海上的战斗更加激烈。美军运载海军陆战队第7师的6艘运输舰，在2艘航空母舰和1艘战列舰的护卫下，增援瓜达尔卡纳尔岛。在夜间行驶时，海上风大浪高，遮住了攻击潜艇的潜望镜。这时，一艘日本潜艇轻易地突破了护卫舰的警戒幕，发射2颗鱼雷，击沉了美军"黄蜂"号航空母舰，舰上200多名海员全部毙命。另一艘战列舰受重创。

美军在陆路取胜，日军在海路取胜。双方将领都在谋划继续增援瓜岛。日本海军大将山本五十六签署命令，派一支庞大的舰队增援瓜岛日军。美国海军上将尼米兹则亲临瓜岛视察，派"大黄蜂"号特遣舰队护航增援部队。

10月11日夜，双方舰队在通往瓜岛的"狭道"展开的混战，美军舰船首先一齐开火，炮火的迅猛使敌人睁不开眼睛。日军后藤海军中将以为是他的战舰在向自己的运输舰发炮。美军的斯科特海军少将，也以为是他们在黑暗中向自己的驱逐舰开火。他命令停火，检查目标的识别灯。停火4分钟，日舰乘机脱离了险境。

此后，双方在海陆两个战场，多次展开激烈的争夺战。美军击沉了日本的"龙骧"号轻型航空母舰，而美国的航空母舰"大黄蜂"号和"企业"号也被日军炸毁。到11月中旬，美日又在所罗门群岛海域进行两次海战，日本损失战列舰2艘、重巡洋舰1艘、驱逐舰3艘。从此，美国完全掌握了西南太平洋的制海权和制空权，挫败了日军继续南进的计划，为在太平洋上开始逐岛进攻创造了良好条件。

由于瓜岛日军缺少给养，12月3日，第8舰队司令三川下令派遣10艘驱逐舰装载1500个补给桶，执行运输补给，沿途遭到两次空袭，没有遭受损失，并于当天深夜将补给桶全部投放到塔萨法隆格附近海域，可是瓜岛日军只得到其中的310个，其余大多被美军战机在第二天击毁。

12月7日，日军再次出动11艘驱逐舰进行补给运输，途中遭到美军飞机和鱼雷艇的强力阻击，最终未能到达瓜岛就被迫下令返航。

12月11日，补给舰队再次投放1200个铁桶后，在返航途中遭到美军鱼雷艇的严重攻击，旗舰"照月"号被鱼雷击中，弹药舱爆炸随即沉没。而在瓜岛的日军，也仅仅打捞到220个补给桶。经过这些努力，日本海军意识到对瓜岛陆军的支援已经不可能有巨大成功，但是日本陆军不愿接受放弃瓜岛的现实，想尽一切努力挽回败局。决定在1943年1月将第6和第51师团投入瓜岛，2月中旬发起总攻夺回瓜岛。

此时，由于美军基本控制了瓜岛的制海权和制空权，可以顺利地向瓜岛运送援军和物资。

1942年12月初，美军海军陆战队第二师和陆军第25步兵师被运上瓜岛，以接替疲惫不堪的海军陆战队第1师，这支英勇顽强的部队，在4个月的激战中伤病减员达7800人，师长范德格里夫特曾感叹道："完全可以这么说，4个月前的今天开始的这场不大不小的战斗，通过你们的努力，已经成功地挫败了敌人在太平洋上的重要目标！"

虽然，瓜岛争夺的最后胜利是在其他部队手中完成的，但是，瓜岛胜利的辉煌功绩首推海军陆战队第1师。所以，战役结束后，海军陆战队第1师荣获罗斯福总统颁发的"优异部队"称号，成为获得这一荣誉的第一支部队。

12月9日，帕奇少将从范德格里夫特手中接过瓜岛地面部队的指挥权。海军陆战队第1师带着赫赫威名撤回澳大利亚休整。

此后，海军陆战队第1师在其师徽上写下了"GUADALCANAL"（即瓜达卡纳尔），以纪念血战瓜岛的辉煌战绩，海军陆战队第1师因瓜岛战役名垂青史。

至1943年1月，美军在瓜岛的地面部队已达5万人，补给充足，士气旺盛。

自从12月11日，日军驱逐舰编队遭到美军鱼雷艇攻击后，日本海军有将近三周的时间没有组织水面舰艇向瓜岛运送补给，这期间，瓜岛日军仅靠潜艇运送的少量补给生存，根本不能满足部队需求，官兵多以野果、野菜和树皮充饥，痢疾等热带病横行，部队士气低落。

12月31日，日本御前会议作出决定，终止瓜岛作战，撤退驻守瓜岛的部队。

日军大本营于1943年1月4日向联合舰队司令山本和第8方面军司令今村下达撤离瓜岛的命令，撤退行动代号为"K号作战"。并制定了周密的计划：首先，第17军收缩战线，在准备总攻的掩护下进行撤退的各项准备；其次，直到撤退开始前，仍必须以各种方式全力继续对瓜岛的补给，以维持部队的战斗力，并在运送补给品的同时撤离行动不便的伤病员；接着，迅速在中所罗门群岛修建航空基地，加强对瓜岛的空中作战；最后，动员尽可能多的船只，在1月下旬至2月上旬以各种手段将瓜岛的部队撤出，这一切行动必须特别严格保密。

鉴于瓜岛美军不断向日军发动进攻，不增加生力军上岛，岛上的部队根本无力维持现有阵地。因此，日军从第38师团的第230联队中抽调700人，于1月14日送上瓜岛。对外宣称是作为第四次总攻的先锋，其实，是保障瓜岛部队撤离的殿后部队。

日军为保障瓜岛部队顺利撤出，分散美军的注意，于1943年1月15日组织了一次牵制行动，代号"东方牵制行动"，参加兵力有"利根"号巡洋舰、"伊-8"号潜艇和第802航空队的部分飞机，由原忠一少将统一指挥。

1月19日，原忠一率领"利根"号从特鲁克出发，22日到达马绍尔群岛的贾卢伊特岛，原忠一与各参战部队指挥员研究行动计划并稍事休整，于23日从贾卢伊特岛出发，前往坎顿岛西北400海里水域活动，并进行无线电佯动。

2月2日又前往马绍尔群岛以东海域活动，同样进行了无线电佯动，然后于2月7日返回特鲁克。"伊-8"号潜艇则于1月23日和2月1日夜间两次对坎顿岛进行了炮击。第802航空队1

月19日起,从马金岛出动水上飞机对豪兰岛和贝克岛进行侦察,并从1月21日起连续多日对这两个岛屿进行了空中监视。2月上旬,鉴于瓜岛撤退行动基本结束,"东方牵制行动"也告结束。

在陆战中,日军先后投入兵力3.5万人,被歼2.4万人。到1943年2月,有1万余日军分3批撤出瓜岛。盟军参战部队约6万人,死伤5800人。在争夺瓜岛的过程中,双方进行大小海战30余次,都付出了重大代价。

攻占马绍尔群岛

"先生们，我们下一个目标是夸贾林岛。"当美军太平洋海军舰队司令尼米兹在珍珠港海军高级干部会议上这样宣布时，第5舰队的高级将领们个个面露难色。不久前攻占塔拉瓦岛造成灾难性的损失，使他们心有余悸。本来已决定先攻占马绍尔群岛外围防守薄弱的岛屿，然后再攻占这个群岛的夸贾林和埃尼威克托岛上的主要基地。现在突然改变计划，一些将军担心会重演塔拉瓦岛的大屠杀场面。

马绍尔群岛位于日军中太平洋国防圈前卫线的东侧，它由32个分散的环形珊瑚岛组成，各岛之间有宽阔的海域，海区面积达127.5万平方公里，岛屿面积190平方公里。对马绍尔群岛的进攻，是美军第一次攻入日本领土的作战。守岛日军是日本海军第4舰队所属的第六根据地队、第22和第24航空战队以及第953航空队。他们估计美军可能先攻击外围各岛，于是将内线各岛的日军抽调出来增援沃吉岛和马洛拉普岛的守军。美军正是截获了一这情报后改变了进攻计划，攻击力量绕过外围岛屿，直插马绍尔群岛的心脏地带，首先在罗伊——那慕尔岛和夸贾林岛登陆。这次命名的"燧发枪"计划，美军集中了优势兵力，约有375艘军舰，1100多架飞机，总兵力约35000多人。

1944年1月31日发起攻击。这次攻击吸取了搭拉瓦岛战斗的教训，战列舰连续3天猛烈轰击了夸贾林环礁湖两侧的两个目标岛屿，从塔拉瓦和马金岛起飞的飞机，轰炸和破坏了贾卢特岛和米利岛上的小机场，另有4个航空母舰特遣舰队袭击了沃吉岛和马洛拉普岛，另一些特遣舰队集中力量攻击夸贾林，同时，派出潜艇，切断日军海上交通。经过3天的狂轰滥炸，8000日军大部被炸死炸伤，大部分飞机被摧毁在地面上，只有9架飞机勉强飞走，基本丧失抵抗能力，但仍在顽抗。前后经过8天激战，日本帝国在马绍尔群岛这个防御中心，整个面积不到5平方公里的夸贾林群岛终于陷落。为了避免伤亡，对设防坚固的另外4个岛屿，采取围而不打战略，直到1945年日本投降。整个马绍尔群岛战役，日军死亡和被俘11000余人，美军伤亡2200人。

美军对马绍尔群岛的猛烈攻击，粉碎了日军外围防御圈，为向1000公里以外的马里亚纳群岛挺进开辟了道路。正如一位美国将军所说的："马绍尔群岛之战真正敲碎了日本的外壳。这一仗在他们的外层防线上打开了相当大的缺口，足以立即加以利用。因为这使他们来不及加强贯穿整个马里亚纳群岛的内层防线。"

诺曼底登陆

1944年6月6日，美英盟军大规模进攻的日子来到了。美英军队在欧洲开辟第二战场的战争在黎明时分开始了，第一梯队美、英3个空降师的1.7万人，乘1200架运输机，在大西洋壁垒身面空降成功，他们的背上或胸前都捆有弹药和装备。一些伞兵将从防线的后方攻击德军阵地，摧毁德军的通信设施。一些伞兵将要去攻占桥梁，夺占机场，破坏道路和交通。接着第一批登陆部队在舰炮和飞机的掩护下，强行登陆，他们顶着狂风恶浪，冒着德军的枪林弹雨，在5个登陆点同时登陆。

在6日上午，各个登陆点已基本突破了德军防地，建立了稳固的滩头阵地，美军在奥马哈登陆地段内遇到了德军的激烈抵抗。登陆舰不顾德军的炮火将大批部队送上海滩。7日，已有近18万人的美英军队登陆，12日各个登陆场已连成一片。直到这时德军才从最初的打击中清醒，确认盟军是从诺曼底而不是从加来登陆，急调部队增援诺曼底，但这显然已经晚了。

这次登陆行动盟军已经策划了很久，1943年卡萨布兰卡会议上美英就达成协议，联合在西欧登陆，开辟第二战场，同年12月在德黑兰会议上，美、英、苏三国首脑最后商定，1944年

5月，由美英军队在法国诺曼底地区实行登陆，战役代号"霸王"。由美军上将艾森豪威尔任西北欧盟军最高司令，指挥这次战役。艾森豪威尔上任后，展开了登陆计划，在英国秘密集结了大量的兵力，计有加拿大第1集团军、英第2集团和美第10集团军，约150万人，6000余艘舰船和上万架飞机。

盟军为了此次登陆作战的成功进行了大量的准备工作。美英军进行了长期的侦察，查明了登陆地域内德军防御配备，空军对德军的运输和雷达系统进行了轰炸，使其基本陷于瘫痪。同时，还采取了一系列战役伪装措施，以调动德军兵力，达到登陆的突然性。盟军有意泄漏情报，使德军了解盟军将在加来登陆，同时在加来海滩对面设置了大批飞机、坦克模型，造成集结重兵的假象，使德军统帅部误认为盟军在加来登陆，从而调集重兵防守加来，而诺曼底地区只留6个师防守。

英美盟军原定6月5日实施登陆，不料从4日开始天气突变，海面刮起了6级以上大风，许多已编队的登陆舰艇只得返港待机。艾森豪威尔听取气象学家的意见，了解到6日至8日将出现一个适宜登陆的好天气，当机立断，决定6日晨开始登陆。而德军没有掌握这一情况，仍认为盟军不可能在这样恶劣的天气里登陆。当英美军队登上诺曼底海滩时，负责指挥反登陆作战的德军总指挥隆美尔将军还待在他德国的家里休假呢。

盟军登陆后迅速扩大战果。18日，美军切断了科唐坦半岛。21日向瑟堡发起了进攻，美、英的战列舰和重型巡洋舰轰炸了瑟堡海岸线，德军用装备有50毫米的大炮进行反击，双方发生激烈战斗。

6月27日，瑟堡守军被迫投降。至7月初，已有美英军100万人、17万辆车登陆。7月18日，美军经过8天的围攻后，从德军手中夺取了圣洛，切断隆美尔同前线德军的联系。与此相呼应，英军在7月9日攻占了另一交通枢纽卡昂。至7月24日，盟军完全占领了诺曼底地区，登陆战胜利结束。

马里亚纳群岛决战

日本在中太平洋海域建设的连锁基地，从澳大利亚北海岸的帝汶岛，沿荷属新几内亚，经菲律宾群岛往北至帕劳、马里亚纳和小笠原群岛，直至日本本土的长达4000英里的弧线上。日本拼命守卫这些岛屿，一是为了保证石油供应，一是避免美军以这些岛屿为基地轰炸日本本土。马里亚纳群岛是这个弧形防卫线上的重要环节。该群岛由大小近百个岛屿组成，其中南部的塞班岛和关岛为最大的岛屿。美军攻占马里亚纳群岛，其战略意义就在于切断日军在太平洋的运输线，建立轰炸日本本土的岛上基地。可以说，这次战斗的成败与日本帝国的命运休戚相关。美军为夺取这一海上基地，也已做了3年的准备工作。

1944年6月15日，美军攻击马里亚纳群岛的代号为"奇袭行动"的战役开始，共投入535艘舰只和12.7万多人，1600多架飞机。驻守群岛的日军6万多人，而岛上的防御工事体系尚没最后完成。

当天上午8时，美军开始在塞班岛登陆，登陆部队67000人，参战的军舰470艘，飞机2000架。6月14日晚，"东京玫瑰"广播电台用嘲讽的口吻说："我们准备好了，就等着他们来进攻！"

15日凌晨，美军的炮火就恶魔般地铺天盖地落在岛上，600艘两栖车摆开方阵，拨开巨浪朝海岸冲去，像一群群甲壳虫似的爬上了8个登陆滩，不到20分钟，已有6000多名海军陆战队员登陆，当天傍晚，已有2万名士兵和各种大炮运上了岸。具有讽刺意味的是，驻塞班岛的日本中太平洋舰队司令南云大将竟发现，向他开炮的正是当初在珍珠港被他击沉的美军3艘战列舰，真是仇人相见，分外眼红。守岛司令斋藤义次中将决定反攻，次日凌晨，36辆轻型坦克，1000多名士兵，挥舞战刀，向美军滩头阵地冲来，结果大部被歼。日本大本营为阻止美军占领整个马里亚纳群岛，下令日本联合舰队与美国舰队进行决战。结果，日本联合舰队参战的9艘航空母舰，2艘被击沉，4艘被击伤，419架飞机被击毁。到7月中旬，斋藤中将意识到等待增援已无任何希望，决定死守该岛。让美军每前进一步都付出沉重代价。美军以3个师的兵力从南往北稳步推进，把日军压缩到塞班岛北部三分之一的地方。

7月6日。斋藤中将向东京发了最后一封电报："我们不能做得更好。为此谨向天皇深表歉意。"他在剖腹自杀之前，向残存日军发布了最后一道命令，要每人结束美军"七条性命来报效祖国"后再死。南云大将也自杀身亡。

残余日军连夜加固工事，次日拂晓，在一片喊杀声中，一批接一批地向美军阵地扑来。挥舞着军刀的军官，全然不顾机枪的扫射，领头发起拼死的冲锋，而士兵们只凭着匕首和棍棒向前冲杀。连伤病员也拄着拐杖，一瘸一拐地参加了冲锋。这是日本帝国主义有史以来最大规模、最凶残的一次冲锋。人流狂叫着踩着堆积如山的尸体冲过了美军的前沿阵地。最后，由伙夫、打字员和基地人员匆忙拼凑的几个排也上了阵。

第二天上午，美军调来推土机，挖了一个大坑，埋下了4000多具敌人尸体。战斗结束了，屠杀还在进行。岛上还有数以千计的日本老百姓和幸存的日军，躲在山洞里不肯屈服。7月9日，骇人听闻的大规模自杀发生在莫鲁比岩。妇女和小孩从800英尺高的山崖上跳下去，士兵拉响了手中的手榴弹，母亲们怀抱婴儿从岩石上纵身跃入大海。真是惨绝人寰的自我毁灭。塞班岛战役，总死亡人数达5万多人，其中美军伤亡13000多人，是美国在太平洋付出代价最高的一次战役。

7月24日，美军在塞班岛南4英里的提尼安岛登陆。与此同时，美军于7月8日开始对关岛日军阵地进行袭击，连续轰炸和炮击两个星期，达到太平洋战争炮击时间最长的一次。

7月21日，美军登陆时仍然受到幸存日军炮火的猛烈阻击。经过5天激战，迎接了敌人一次又一次的反扑，美军坚守了阵地。

8月10日，守岛日本陆军第31军司令小畑中将自杀，美军占领关岛。关岛战役中日军战死17000人，美军伤亡9200人。但扫荡残敌的战斗一直到1945年还在进行，最后一名敌军士兵直到1972年才投降。

莱特湾海战

莱特湾临近莱特岛，位于菲律宾的中部。而菲律宾是日本"绝对国防圈"中重点防御地区，这一地区一旦失守，日本本土就会受到美军的直接威胁。日军为了确保日本本土、菲律宾等地区的安全，日本制订了"一号决战方案"，集中了7艘战列舰、4艘航空母舰、2艘战斗航空母舰、20艘巡洋舰和29艘驱逐舰，除此以外，还有150架海军飞机为这次决战提供空中支援。与此同时，美军也集中了太平洋舰队的主力，共有12艘战列舰、32艘航空母舰、23艘巡洋舰、100艘驱逐舰，以及由1000架飞机组成的强大的空中保护伞。还有美国第6集团军的2个军，约17.4万人的登陆部队，而日本守岛部队只有第35集团军第16师的2万人。相比之下，美军占着绝对的优势。

美军西南太平洋战区司令麦克阿瑟决定，1944年10月20日为"攻击开始日"。这一天早晨，美军成千上万门大炮齐鸣，炮弹疾风暴雨般地倾泻在莱特岛的海滩，一群群飞机呼啸而过，炸弹的隆隆声连续不断，震耳欲聋。接着美军分几路在莱特岛登陆，这时他们发现，所有的据点都已被炮火夷为平地。下午1时，麦克阿瑟将军登上海滩，他发表讲话开头的一句就是："菲律宾人民，我回来了。"接着又为菲律宾奥斯梅纳总统复位举行仪式。而这时，日本正按"一号决战方案"行动，大批军舰向莱特岛滚滚而来。

日本的"一号决战方案"是，以小泽率领的联合舰队机动部队由日本南下，把美国航空母舰编队引开，再由栗田率领的第一机动队和志摩率领的第二机动队，以及西村率领的编队，由南、东方向进入莱特湾，一举歼灭美军登陆部队。

10月23日至26日，在莱特湾展开了第二次世界大战期间规模最大的海战，双方投入的战舰达282艘之多。

23日夜，栗田率领世界上最大的2艘战列舰，采取蒙骗敌人的手法，偷偷越过巴拉望暗礁区，可望实现"一号决战方案"的计划。他还不知道，他的这一行动已被美军的2艘潜艇发现，在毫无戒备的情况下，遭受了美军鱼雷的袭击，一艘被炸成两截，沉入海底，另一艘受了重伤，栗田中将不得已弃舰跳入大海，被救起后逃走。日军的作战企图和主力完全暴露了，但仍坚持执行预定方案。日军为弥补空军力量不足，组建了"神风突击队"，采用人机一同攻击目标同归于尽的"特攻技术"，给美国舰队造成了重大威胁。正当美国巡逻机在太平洋上空搜寻日本航空母舰时，日军从吕宋岛起飞的飞机向美军发动了第一轮攻击，尽管美军大批飞机分头迎战，防空火力网十分严密，仍有一架神风突击队轰炸机突破火力封锁，一头撞到"普林斯顿"号甲板上，100磅炸弹掀翻了飞行棚，引起冲天大火,一声巨响,船尾被炸得无影无踪。赶来救火的"伯明翰"号巡洋舰,也被邻舰的爆炸摧毁,舰上200名水员顷刻丧失。

"普林斯顿"号造成致命伤不久,美军第二轮海空战迅速铺开。美军出动120架"复仇者式"飞机,轰击日本最大的战列舰"武藏"号和"大和"号。有2颗炸弹和1枚鱼雷击中了"武藏"号,但这艘号称,"海上宫殿"的巨舰,仅仅摇晃了几下,又继续前进了。接着美军又发动第二次攻击,大批飞机遮天蔽日扑向"武藏"号,天空弥漫着高射炮火的烟雾。这次"武藏"号又被3枚鱼雷击中,但它像被黄蜂叮了一口似的,没当回事,继续前进。15分钟后,美军第三次攻击又以雷霆般之势袭来了,像猎犬捕食一样,所有出动的飞机全把目标集中在"武藏"号战列舰上。这次攻击后"武藏"号的速度减慢了。日舰"大和"号和"长门"号也都遭受重创,但仍用炮火保护"武藏"号,用重炮向空中轰击敌机,但仍有65架美军飞机突破防线,扑向"武藏"号。这次它中了7枚鱼雷,塔台被摧毁,它受了伤。若是其他战列舰受此重伤,早已深入海底,可"武藏"号仍以6海里的速度继续前进。不久,它又遭到一批飞机的袭击,身受17颗炸弹和19枚鱼雷的重创,前甲板已淹入水中,最后翻了个底朝天,垂直沉下海底。

莱特湾一战差不多全歼了日本海军。日军损失4艘航空母舰、3艘战列舰、6艘巡洋舰和12艘驱逐舰、数百架飞机,伤亡7万多人。日本海军残存的军舰，实际上已成为一支毫无战斗力的舰队，既不能保护它自己免遭空中袭击，又不能保护通向日本的海上通道。美军付出的代价要小得多，只死了不到3000人，有1艘轻型航空母舰、2艘护卫航空母舰和3艘驱逐舰被击沉，损失不到200架飞机。这一决战的胜利，为美军攻占吕宋岛的战役建立了重要基地。

佩利留夺岛战

日本在加强内层防线的备战中，把帕劳群岛放在比马里亚纳群岛更优先的地位上。该群岛中的佩利岛上高耸入云的石灰岩山峰林立，使之成为一座天然堡垒。松软的岩壁上到处都挖了炮兵阵地、机枪火力网和地堡，工兵还开凿了隧道，将这些火力网点连成一片。

1944年9月12日，美军开始对这个岛屿进行炮击和轰炸，但因许多工事都深藏在山壁上，弹片根本炸不到。守岛日军5000人和相同数目的施工部队，深信他们有足够的补给和弹药，能坚持一场长期围攻的战斗。

9月15日，美海军陆战队第1师在飞机和炮火的掩护下开始登陆，但遭到隐藏在山岬中的滩头堡猛烈炮火的回击，死伤过半。两栖战车变成了一堆堆熊熊燃烧的废铁，血肉模糊的尸体横七竖八地漂浮在江滩的水面上，构成一幅令人战栗的悲惨图景。经过一天的战斗，美军已伤亡1000多人，海军陆战队第1师3个团都伤亡近半。在这种情况下，在整个战役中担任总指挥的盖格将军调来了增援部队。他们改进了火焰喷射器，使它可以射到50英尺远的地方，把隧道深处的敌人烧死。随着敌人逃出被烧的据点，美军逐个山洞、逐个山脊、一寸一寸地向前推进。仅在一个大山洞里，他们发现了1000多具死尸。

据统计，到11月25日结束战斗为止，已有1万余名日军毙命。日本守军指挥官自杀前发出的电报说："佩利留岛上一切都完了。"美军士兵和海军陆战队员也牺牲2000多人，伤数千人。战地指挥官们曾统计，消灭佩利留岛上的敌守军1人，平均需耗费1589发轻重武器弹药。这场屠杀战成为太平洋战争中最残酷的岛屿战之一。

登陆吕宋岛

吕宋岛是菲律宾群岛中最大和最重要的岛屿，面积10万多平方公里，占菲律宾陆地总面积的35%。在菲律宾群岛北部，东接菲律宾海，南临锡布延海，西濒南中国海，北隔吕宋海峡与台湾相望。海岸线曲折，长约5000公里，有许多优良港湾。

美军在太平洋战区取得一系列重大胜利后，把进攻的矛头直指吕宋岛，以致解放整个菲律宾。1944年末，麦克阿瑟派遣一支登陆部队，首先占领了离吕宋岛较近的民都洛岛，并以此为基地，对吕宋岛各地及菲律宾首都马尼拉周围地区及机场进行了大规模的轰炸。

1945年1月8日早晨，1000多艘舰只在吕宋西北海岸蜂拥登陆。当天，美军第14军和第1军的4个师，就有5万多人及装备安全上岸，并建立了4英里的延伸深滩头堡。退守吕宋岛的日本第14方面军共25万人以上。方面军司令山下奉文大将，长期以来就准备迎接这次决定性的战役，他对采访的记者说："我将在菲律宾写下大东亚共荣圈的光辉历史。"他的战术不是把登陆的美军赶回海里去，而是放他们上岸"然后将他们包围起来加以消灭"。山下把15万兵力部署在吕宋岛北部高山地区，3万兵力部署在林加延的南部和西部以保卫机场，用8万兵力保卫马尼拉和吕宋东南部伸出的半岛。他还宣称："菲律宾地区广大，我们可以尽情地打。"所以，美军登陆的第一周，只遭到了轻微的抵抗。

麦克阿瑟将军一再发出命令，催促美军向马尼拉推进。为了加速吕宋战役，他还下令派更多的后备军。

1月29日，第38师在巴丹以北的圣安东尼奥登陆。2天后，第11空降师的主力在马尼拉以南上岸。美军有3个师包围着马尼拉。

1945年2月3日，美军开始向马尼拉市进逼，遇到日军的顽强抵抗，整个战役打得非常残酷。考虑到马尼拉70多万居民的安全，麦克阿瑟禁止使用飞机轰炸敌人的防守据点，而是使用大炮把敌人从一栋栋大厦里轰出来。在雷青多尔有5000多日军守在战壕里，依靠马林塔隧道为屏障进行顽抗，美军把大部分隧道炸塌，日军被迫冲出来拼命，美军付出了高昂的代价，日军被消灭得几乎一个不剩。

1945年3月4日，美军占领了马尼拉。在整个马尼拉攻坚战中，美军伤亡25000人，菲律宾人伤亡10万。整个马尼拉城的四分之三被毁坏，昔日的"东方明珠"已变成一片废墟。

但是，在吕宋北部山区仍有10万日军坚持抵抗，他们处境十分困难，缺乏粮食、弹药，军需品也不足。在美军重要包围下，饿死、病死者不计其数，但拒不投降，部分日军直到日本投降后才放下武器。

冲绳岛登陆

　　1944年底，美国参谋长联席会议已经决定，把冲绳岛作为最后进攻日本的跳板。冲绳岛是琉球群岛南部为最大的岛屿，距日本本土九州约400英里。日本守岛部队第32集团军，辖陆军3个师和1个混成旅，约86000人，还有海军基地部队10万人，由牛岛满中将指挥。美军参战部队45.2万人，舰艇1500余艘，飞机2500架，由第5舰队司令斯普鲁恩斯海军上将总指挥。登陆部队是第10集团军，司令巴克纳中将，辖8个师，18.3万人。这次战役行动规模如此之大，队伍上场、集结横跨整个太平洋，从西海岸直到夏威夷、马里亚纳群岛、莱特湾、圣埃斯皮里图以及瓜达卡纳尔岛。制定这次号称"冰山计划"的人认为，这些久经战争锻炼的美国兵，打垮冲绳岛上8万多日本守军绰绰有余。

　　美国情报机构大大低估了正在冲绳岛掘壕据守的10多万日本军队的力量。日军牛岛中将这次改变了滩头歼敌的计划，把立足点放在岛的南部小山和山谷之中，在这里集结日军战争中最多的大炮，壕沟里布下一连串的迫击炮和坦克，形成以首里为中心的、控制冲绳岛南部三分之一的一条6英里宽的坚固防御线，牛岛的计划是，让美军全部人马登陆，把他们逼上内陆，一直诱入到得不到海军大炮和空中轰炸的后援的地方，然后猛然行动进行决战，消灭敌人。

1945年3月26日到4月1日，美军从几路先后完成登陆任务，没遇到强烈抵抗。4月4日，美军向北部和南部的日军主阵地发起进攻。为了防止日本神风特攻队对海上舰队的袭击，在登陆前10天，美军一支舰队就对日本九州的机场和本州吴市港的海军基地进行了大规模的攻击，使400多架日本飞机被毁，但经过伪装和疏散的日本神风特攻队的飞机仍得以幸存，这些神风特攻队员，头上包着白色丝围巾，驾机直冲美国航空母舰。

3月19日上午，一架飞机冒死冲出云层，俯冲重型航空母舰"富林克林"号的甲板，使它受到严重损伤。"黄蜂"号和"企业"号航空母舰，也被神风特攻队击中。

4月6日，日本联合舰队按计划驶向冲绳海域，丰田海军大将发布了拼死作战的命令："帝国命运完全赖此一举。"不会再有第二次机会了。强大的"大和"号企图从美国舰队中杀出一条路，将2000名队员送上岸，参加保卫该岛的战斗，他们得到的命令是："光荣地战斗到死，全部消灭敌舰队。"但这艘庞大的战舰和它运载的2000名士兵一起，被美舰击沉海底。

在陆路，争夺首里防线之战，一直处于僵持状态，进行着消耗战。霍奇将军曾说："那确定是很艰苦的，在这个岛的南端躲藏着将近7万日军，我认为无法使他们出来，除非一码码地用炸药把他们炸出来。"

进入5月，日军神风特攻队连续发动反击，使美军伤亡很大。直到5月下旬，首里防线才被突破。6月22日，突破南部最后一道防线。那一天，最后一条无线电消息从第89山山洞深处的牛岛总部发出："我们的战略、战术、方法都已用到头了。"在隧道里，卫生员给伤员注射致死剂量的吗啡。第二天凌晨4点，牛岛在理过发和最后一轮威斯忌干杯之后，坐在离美军阵地不到50英尺的一个山洞洞口的席子上，用匕首切腹自杀。助手们割下了他的脑袋。

1945年7月2日，尼米兹海军司令宣布"冰山活动"计划结束。冲绳岛登陆战历时96天，是美日在太洋岛屿作战中规模最大、时间最长、损失最重的一次战役。在这次战役中，日军在战场上死亡的至少有10万人，被埋在山洞里的也至少有2.7万人，被俘1万人，估计有7.5万多岛上居民伤亡。地面战斗中美军死亡7300多人，伤3.18万人。在海上，日方损失16艘战舰和800多架飞机，其中许多是神风特攻队的飞机；美军方面，有34艘舰只被日军神风特攻队员击沉，763架舰载机被毁，死亡4907名水兵。这次战役，为美军进攻日本本土建立了强大的海军基地。为了表彰此事，丘吉尔于6月22日打电报给杜鲁门说，争夺冲绳岛的史诗式战斗，将列入"军事史上最激烈、最著名的战斗"而流传后世。

马岛海战

20世纪80年代初,阿根廷发生严重的经济危机和大规模的反对军政府的运动。阿根廷政府试图通过对马岛采取军事行动,来缓解国内危机。1982年3月19日,阿根廷军队登陆南乔治亚岛并升起国旗。1982年4月2日,阿根廷军队占领马尔维纳斯群岛。4月3日,号称"铁女人"的英国首相撒切尔夫人,在英国议会上宣布:"为了大英帝国的利益,我代表执政党向议会提出:对阿根廷宣战!"英阿争夺马岛的战争开始了,这是第二次世界大战后,在大西洋上一次规模最大的海空战,到6月14日守岛的阿根廷军队投降为止,历时74天。

马尔维纳斯群岛,英国人称为福克兰群岛,位于麦哲伦海峡东南450公里处的南大西洋,总面积为1.5万多平方公里,由两个较大的岛——大马尔维纳斯岛和索莱达岛,以及300多个礁石岛组成。岛上居2000多人,大都是英国人的后裔。该岛具有重要的战略价值,它扼守南大西洋和南太平洋的航道要冲,控制着大西洋的航线,据说海底蕴藏着丰富的石油和天然气资源。

1690年,一个英国人叫约翰·斯特朗,被飓风刮到岛上,他意外的发现群岛中两个大岛之间有一个海峡,他就取名"福兰克海峡",从此,这个岛屿归属英国。

1764年,法国人开始在岛上建立安居点,并命名为马尔维纳斯群岛。过了3年,西班牙人从法国人手里接管了该岛。

1816年,阿根廷摆脱了西班牙的殖民统治宣告成立,阿政府声明,它继承了西班牙对马岛的主权,马岛为阿根廷领土的一部分。

1833年,英国以该岛最初由英国人发现为由,宣布马岛属于英国,并派兵占领了马岛。150多年来,英阿关于马岛归属问题一直争论不休。

这次,阿根廷以突然袭击的方式,从英国人手中夺取了马岛,英国决心以战争的方式夺回来。马岛处于阿根廷沿海的大陆架内,距阿本土600多公里,而距英国1.3万多公里。在这场战争中,英国出动了其海军力量的二分之一,征用和租用了50多艘商船和油船,出动飞机130架,直升机140架,总兵力27000多人。

皇家海军出动317特遣舰队,该舰队由三至四个子舰队所组成,以战事的发展为扩编的考量。舰队最高统帅为海军上将约翰·费德豪斯。航空母舰为特遣舰队317.8的核心武力,由海军少将伍华德指挥。包含了2艘航空母舰竞"技神"号和新服役的航空母舰"无敌"号,搭载20余架"海鹞"式垂直升降战机,是整个特遣舰队能用来对抗阿根廷军队的空中武力。这支特混舰队享有自主权,能够把兵力投射到福克兰群岛的沿海地区。

海军准将麦可克拉普指挥另一支海军特遣舰队编号317.0,由两栖部队组成主要战斗力。特遣部队317.1,由皇家海军陆战队第三突击旅组成(包含英国陆军伞兵团和皇家装甲团)。这个特遣部队由陆军准将朱利安汤姆生所领导。部队大多部署在临时征用的"堪培拉"号邮轮上。

第三个特遣群由潜艇所组成,拥有三至四艘潜艇,由潜艇将官指挥。行动开始前,英国宣称以福克兰群岛200海里(370公里)的范围为禁航区,不许外国船只进入。

在整个行动中,有43艘英国商船为特遣舰队服役或提供补给。这些提供燃料物资的货柜船及油轮形成了一条蔓延在英国至南大西洋的8000海里的后勤线。

1982年4月22日,英军以少量突击队员悄悄地在南乔治亚岛上登陆,为特混舰队取得了一个立足点和前进的基地。此后,英阿之间展开了大规模的海空战。派遣收复南乔治亚岛的英军,由皇家海军陆战队少校雪利丹率领,包含皇家海军陆战队第42突击营的士兵、英国陆军SAS及皇家海军特种舟艇突击队进行侦察登陆为窝在辅助舰"潮泉"号上的海军陆战队员进攻做准备。

任务进行前首先抵达附近地区的是英军的丘吉尔级攻击型核潜艇"征服者"号,于4月19日到达,进行海域侦查;4月

硝烟弥漫的海战

20日具有雷达成像功能的胜利者空中加油机飞越南乔治亚岛进行侦察。特别空勤队计划在4月21日进行第一次登陆,其余英军预备在次日登陆;SAS部队原来打算空降到冰河上,然后,夺下葛莱特维肯港。可是,当地风速没有低于每小时32英里以下,而且能见度低,SAS小队只好撤退。

在他们撤退的同时,驱逐舰"安纯"号上起飞的威塞克斯直升机3号与"潮泉"号上起飞的威塞克斯直升机5号受到浓雾的影响而导致5号直升机于浓雾中在冰河上坠毁。剩余的3号机不负众望,在驾驶员史与其他机组员努力下,将坠毁的机组人员与官兵共16人一起挤进小小的机身中在天黑风大之前回到"安纯"号。

因为发现外海有潜艇,行动在4月23日被暂停,"潮泉"号先退至深海以免在狭窄水域中缺乏空间闪躲潜艇的攻击。次日,英军重组一个搜索/攻击小组前往攻击不明潜艇。

4月25日,阿根廷海军"圣达菲"号潜艇被"安纯"号的直升机发现,并且被施以深水炸弹攻击。在"安纯"号的威塞克斯直升机发现潜艇并施以攻击之后;"朴莱茅斯"号与"坚忍"号马上派出它们的"黄蜂"MkI型直升机2架,"光辉"号派出它的1架山猫级武装直升机;"山猫"级武装直升机一到达就发射了放1枚Mk46型鱼雷,接下来又用机载的L7机枪对着"圣达菲"号潜艇进行猛烈射击,"安纯"号上的"黄蜂"级武装直升机也用机载的L7机枪对着对着"圣达菲"号潜艇进行猛烈射击；2架盘旋已久的"黄蜂"级武装直升机用机载的AS.12反舰导弹对"圣达菲"号潜艇发动攻击，使其搁浅丧失了作战能力。

"圣达菲"号潜艇上的官兵用潜艇上的机枪与防空导弹拼命还击，但是，潜艇已经受损严重，无法下潜。于是，官兵依靠"圣达菲"号潜艇仅存的动力将其开到南乔治亚岛的爱德华国王岬附近的防波堤搁浅，然后登岸向英军投降。

由于，"潮泉"号辅助舰撤离南乔治亚岛有一段距离，以至于船上的登陆部队与重装备一时半刻不会前来增援，不过雪利丹少校依然决定召集手上的76名弟兄，在当日直接进攻。经过短暂的强袭前进，加上"安纯"号与"朴莱茅斯"号郡级驱逐舰向阿根廷守军开火，岛上阿根廷守军很快就投降了，英军随之收复南乔治亚岛。

雪利丹少校同时在光复南乔治亚岛后发出一封电文说："敬告女王陛下，军旗已经伴随国旗一同飘扬于南乔治亚的长空了。天佑女王。"

首相撒切尔夫人旋即向媒体发放喜讯，生动地称"与世同庆"。

5月2日，阿根廷的"贝尔格拉诺将军"号巡洋舰被英国潜艇击沉。阿根廷海军"贝尔格拉诺将军"号巡洋舰是福克兰战役中第一艘被击沉的船只。

在战役的最初阶段，阿根廷海军决定要大部分的舰艇避免与皇家海军的水面舰艇及潜艇战斗群冲突。但是,矛盾的是阿根廷海军又不能避战或挂起免战牌以免遭到来自民族尊严上的伤害。因此,"贝尔格拉诺将军"号与"好石号"以及"布查"号于4月26日离开乌斯怀亚之后,就组成"79.3任务群"。

4月29日,它们在马岛以南战战兢兢地巡逻。4月30日,这支舰队被皇家海军攻击型核潜艇"征服者"号发现。"征服者"号舰长瑞佛—布朗中校立即向舰队司令官伍华德少将报告这项及时情报;当阿根廷舰队离开英国宣布的马岛200海里(约370公里)封锁区后,英军没有打算放过它们。伍华德少将向英国首相撒切尔夫人报告后,首相便咨询内阁,内阁经过激辩与讨论后同意击沉一艘主力舰对于敌方的民心士气是一重大打击。因此,首相授权征服者号发动攻击。

5月2日15时57分,由皇家海军指挥的"征服者"号核潜艇在进入攻击位置后发射3枚各有800磅弹头的8号4型鱼雷,事实上征服者号配有虎鱼鱼雷,不过虎鱼的可靠性只有40%,用2枚自1925年开始服役的8号鱼雷攻击从珍珠港事件中幸存的"贝尔格拉诺将军"号应该没有胜之不武。

3枚中的2枚命中"贝尔格拉诺将军"号巡洋舰。一枚鱼雷击中船头后方15米处的装甲带,因此,并无造成伤亡,另一枚则击中船身四分之三处,穿透到机械室附近爆炸,爆炸炸穿了二层餐厅与娱乐室。日后的报告说在这一次爆炸中就造成275名官兵殉职。爆炸虽然没有引起火灾,仍然使船内迅即充满浓烟，爆炸更损坏了船上的电力设备，令它无法发出无线电求救信号。大量海水从鱼雷造成的缺口涌入船内，由于电力中断，无法把水抽走，船只开始下沉。16时24分，舰长邦索海军上校下令弃船。一些阿根廷和智利的船只从5月3日至5日间救起770人，另外323人丧生，其中有2人为平民；这一次的死伤人数占战役中阵亡人数将近一半。

"贝尔格拉诺将军"号被击沉2天后，5月4日，英国的"谢菲尔德"号导弹驱逐舰被阿根廷海军的"超军旗式"飞机发射的"飞鱼"导弹击沉。当时，该舰正作为雷达哨戒舰部署在英国特遣舰队之先头。当他被阿根廷海军海洋巡逻机捕捉后，2架部署在火地岛里约格兰地，携带飞鱼导弹的阿根廷超军旗式攻击机立即升空。在接受空中加油后，两机便贴着浪尖以超低空进袭。

此时，"谢菲尔德"号的同型舰"格拉斯哥"号导弹驱逐舰，与另外3艘位于最北方的雷达哨戒舰捕捉到了阿军机的第一次跃升，并在第一时间通报给了设在"无敌"号上的舰队防空指挥所。不巧的是，由于当天早晨发生了一次误报，"无敌"号上的防空指挥所忽略了这次警告。这时，"格拉斯哥"号导弹驱逐舰仍然持续监控超军旗式战斗机第一次跃升的概略位置并且探测到了第二次跃升。这一次，英舰上的电战装备接收到了飞鱼导弹上寻标雷达的信号。可是，"无敌"号再次将其判断为误报；无视"格拉斯哥"号持续发出的警告。

就这样，第一枚导弹错失了"亚尔矛斯"号，朝向其发射的"干扰云"飞去。"格拉斯哥"号导弹驱逐舰企图以海标导弹接战另一枚导弹却苦于系统故障无法成功。然而，防空指挥所仍然将这次警告归类为误报。

最后，"谢菲尔德"号也没有部署任何反制手段。

飞鱼导弹击中了"谢菲尔德"号的舰身中段。尽管弹头引信未能启动，但燃起的大火无法收拾。造成了20死24伤的伤亡。

"谢菲尔德"号导弹驱逐舰在数小时后被弃船，弯曲变形的残骸却持续漂流燃烧了6天。

5月10日，在接受"亚尔矛斯"号拖带时，沉没在公海上，并成为墓标。"谢菲尔德"号导弹驱逐舰替舰队中吨位更大、战略地位更高的航空母舰经受了这致命的一击。

5月21日，英军实施在马岛登陆作战。斯坦利港是马岛的政治、经济、文化中心，全岛二分之一的人居住在这里。阿军主力也集中在这里，准备同英军决战。登陆前，英军的炮火猛轰斯坦利港，战舰和潜艇仍在斯坦港一带游弋，制造迷魂阵，使阿根廷相信英军肯定在斯坦利港登陆，而放松了对卡洛斯港的警惕。当阿根廷50名守军正放心大胆地裹着毛毯大衣进入梦乡时，英国的登陆部队几乎没遇到任何抵抗，就建立了滩头阵地，到上午10时，已有2500人登上岸，并将32000吨弹药和补品也运上了岸。接着，登陆部队分两路向南推进，对斯坦利港形成了合围之势。

　　5月22日，即登陆第二天，阿根廷几乎出动了全部作战飞机，在卡洛斯上空，发动了猛烈的空中攻击，飞机一波接一波连续出击，驾驶员机智勇敢，实行超低空飞行，有时飞机距海面只有30米至50米，甚至海浪花都溅到了机身上，驾驶员也无所畏惧。它们采取这样的措施，避开了英舰雷达的搜索，给英国战舰以突然袭击，造成重大损失。连续5天的空中反击，击沉了英国的"羚羊"号护卫舰、"考文垂"号驱逐舰和大型集装箱货船"大西洋运送者"号各一艘。英国国内大为震惊。阿根廷损失飞机26架、空军突击力下降了35%，作战能力相当减弱。6月13日，英军部队向被压缩在斯坦利港的阿军发起总攻。

　　6月14日，守岛的阿根廷军队投降，9000人被俘。英军胜利。撒切尔夫人欣喜若狂地说："伟大的英国现在又重新伟大起来了。"

美国入侵巴拿马

1989年12月20日，美国动用陆、海、空军约2.7万人，突然袭击巴拿马共和国，仅用15个小时就摧毁了巴拿马政权，建立了一个亲美的新政权。

巴拿马是中美洲国家，位于连接南、北美洲的S形巴拿马地峡上，面积为7.7万多平方公里，人口200多万，有巴拿马运河穿行其间。巴拿马运河是沟通大西洋和太平洋的通航运河，与苏伊士运河齐名，具有世界性的战略意义。美国入侵巴拿马的根本目的，是为了保住在巴拿马运河上的既得利益。

美国与巴拿马于1903年11月18日签订海—布诺—瓦里拉条约，美国以支付1000万美元的代价，获得单独开凿运河的权利和对宽16.1公里的运河区的永久租让权。运河于1904年开始动工，1914年8月15日首次通航。运河全长约82公里，宽152至304米，能通过一般货轮和舰只，运河大大缩短了大西洋与太平洋之间的航程,从美国东海岸到西海岸,比绕道南美洲合恩角约缩短14800公里。运河每年收入约3亿美元,大部分为美国所得。几十年来,巴拿马人民一直为收复运河主权而斗争。

1977年两国签订了新的运河条约。新条约规定。1999年12月31日午夜之后,运河完全交由巴拿马管理。

从1990年起,运河管理委员会的主任应由巴拿马人担任(副主任由美国人担任)。美国的南方司令部也必须同时撤离运河区。美国为了保住运河和运河区的利益,千方百计想在巴拿马建立一个亲美政权,代替主张回收运河主权的诺列加政权。为此曾采取种种手段,包括策动军事政变,企图搞掉诺列加,均未得逞。

1988年2月,美国政府通过迈阿密联邦法大陪审团,起诉诺列加"参与贩毒活动",要把"贩毒犯""捉拿归案",并与此为借口向巴拿马兴师问罪。

1989年12月20日,美国陆、海、空三军约2.7万人,分5路向巴拿马各军事要地展开进攻。巴军进行了顽强抵抗,但面对强大的美军攻势,终究力不从心。美军仅用8小时就击溃了巴军有组织的抵抗,15个小时就控制了巴军的大部分兵营,推翻了诺列加政权。36小时之后,即21日中午,在巴拿马扶植了新政权,由美国支持的巴拿马反对党领导人吉列尔莫·恩达拉,宣誓就任巴拿马总统。诺列加在海上和空中的通道被断后，躲藏起来，而后又进入梵蒂冈大使馆避难。美军随后包围了梵蒂冈大使馆，从政治上、军事上、外交上对梵蒂冈施加压力。

1990年1月3日，梵蒂冈大使馆下了最后通牒，命令诺列加4日中午离开使馆，或者向美军投降。1月3日晚8时50分，诺列加走出使馆，被美军逮捕。